レッツゴー正児のゴルフ川柳

わかってるだけどそっちへ飛ばんのや

Let's go Shoji GOLF SENRYU

新葉館出版

わかってるだけどそっちへ飛ばんのや

目次

【イラスト】　レッツゴー正児（著者）

わかってる
だけどそっちへ
飛ばんのや

負けたのはドラコンニアピン出世まで

生年月日だけは生涯負けない!?

こいつだけには負けたくないというライバルがいます。社内のコンペでそいつにティーショットを10ヤードもおいていかれて、ドラコンを取られてしまった。得意のニアピンは力んでしまってOBになり、ニアピンも彼だ。前回はどちらも私だったのに。

そういえば来月の人事異動でも彼の課長が内定した。表面上は「おめでとう」と祝福しているふりはしているが…。生年月日は2ヵ月私が上や、これだけは生涯、負けることはあるまい。

あの下手が握ったとたんにパーを取り

ホンマ計算違い

いつもハンディをやっているかれが「スクラッチで勝負しよう」と言ってきた。カモがネギを背負ってやって来た。ニッコリ笑ってのスタートホール。私はボギーで上がった。「まあまあじゃろう。カモネギはどうしてる。ハハハ、まだエッジか。まあ、そこからなら2つで上がればいいとこ、まあダボじゃろ…何、チップインしたてか。ボギーか、おい計算を間違うてへんか。間違うてました。そうじゃろ、そうじゃろ。本当は何ぼ？　ええっ、チップインパーじゃと。待て待て。」

「お先に」と打って外してマークする

あ〜恥ずかしい…

パターはリズムです。パートナーには失礼ですが、この流れで先に打ちたいと思う時があります。下りのライなので、わずか30センチくらいでもＯＫが出ない。ついつい「お先に」と打ちます。それがカップを外してころがったら早い。あれよ、あれよと思っているうちに50センチもオーバーした。さっきより長くなった。もう「お先に」は言えない。マークする時の恥ずかしさ。「神様、スタート前にお願いしたじゃあないですか。スリーパットだけはしないように、と手を合わせ頭を下げたのに、ここ一番のドーミーホールでスリーパットはないですよ」神様いわく「頭を下げて祈ったのはいいが、その後、頭を上げるのが早かった。ヘッドアップだよ」。

ダボじゃないトリプルですよと言えぬ人

部長さんは神様でございます

「きょうは6インチOKやけど、君のは60インチ動かしてるよ。しかも前へ出すな。後ろや、後ろへ置け」とか「おい今、林の中で空振りしたやろ。何、あれは素振りやてか。アホ、素振りして何で『しもた』言うねん」とか、こんなセリフも仲間同士ではよく聞くことですが、社内コンペで上司と一緒となると気を使います。

「部長、今のロングホールは7で上がったとおっしゃいますが8と違いますか。バンカーで2回、叩いておりますので、確か8で…」と本当の事は言えんか、人事異動も近いことやし。「確かにダボの7でございます。間違いございません」。

分かってるだけどそっちへ飛ばんのや

裏街道を行く我がゴルフと我が人生

キャディさんが「左の一本松狙いです」と言うてるのも分かってた。パートナーが「右へは打つな、大きなバンカーがあるぞ」と言うてるのも分かってた。「バンカーより右はＯＢですよ」と念を押してたのも分かってた。それなのに右へ飛んだ。スライスした。「ファー！」とキャディさんの大きな声が響く。体は小さいのに大きな声や。「どこへ打っとるねん」と言わんばかりの声や。右のバンカーにドスン、目玉や。ＯＢこそ免れたが、土手近くでアゴが一番高いとこ。最悪の場所や。今の私の人生を象徴してる。嫁は実家へ帰った。彼女は男を作って逃げた。金を貸したヤツは会社やめた。嵐の中に立っている私。分かってるんや、思うように行ったら苦労するか、ゴルフも人生も。

1打目がセーフと言うがそれ2打目

OBボールも一人で探せば…

このボールがアウトかセーフかで天国と地獄の違いがあることがよくある。1球目を打った時、キャディさんに「残ってるかもしれませんが、たぶんOBだと思います。念のために暫定球を打っておいてください」と言われて打った2打目も同じ方向に飛んだ。でも今度は大丈夫だと思う。ボールを探しに行く。皆が「何番や?」と聞いても本人はなかなか番号を言わない。「あったあった、1球目があった」と本人の声。1球目はそれと違う、もっと奥や、と思うが本人が「3番、3番、これ1球目」と初めて番号を言った。打つ前に番号を言ってから打て、と言いたい。「OBも1人で探せば皆セーフ」

当てようとて当たらぬ立ち木になぜ当たる

ボールよ私の所へ来たのが不幸の始り

前方150ヤード、小さな木がある。当てようと狙って打っても当たらんぞ。10発に1発も当たらんぞ。プロが打っても当たらんぞ。広いコースの真ん中の1本しかない立ち木に素人の私が見事に当てた。天才や。名人や。それも枝が折れて球はバックして来た。560ヤードもある長いロングホールやのに前へ行けよ、戻るなよ。たまにフェアウエーにナイスショットをしたかと思うと、ころがりすぎてバンカーや。ゴルフとはそんなもんや。お金と一緒や。お金は寂しがり屋やから、たくさん集まっている所に行きたがる。金持ちの懐の方へばっかり行って貧乏人の所へはやって来ん。ゴルフボールも人の歩くフェアウエーへ飛んで行くのは上手な人のボールで、寂しいラフの奥とか山の中、池の底へ行くのはわれわれ、下手なヤツのボールです。ボールよ、お前もつらかろう。

スリーパット絶対せんぞとフォーパット

フォーパットは辛いのぉ

ミドルホールでパーオンならずスリーオン。そこからのツーパットでのボギーは嬉しいが、同じボギーでも、ツーオンしてるのにパーパット外してスリーパットのボギーは悔しい。それをフォーパットもすれば泣きたくなるねえ。

400ヤードのミドルホールをツーオン出来た。と言うことは1打で200ヤードだ。なのに残りの10ヤードの距離をフォーパットするとは何事や。ワンパット平均2・5ヤードだぞ。200ヤードも2・5ヤードも1打や。ゴルフにおいていかにパターが大切か、パットが大切か。チップインして「キャディさん、パターは要らないよ」と言う時の気持ち良さ、パットをしないゴルフは最高です。私の最近のゴルフはパットをしないことが多い。調子良くてパットを必要としないのではなく調子悪くて、あまりぱっとしないゴルフである。

池越えはロストボールでティーアップ

女もゴルフも自然体で

別に意識さえしなければ150ヤードの距離は7番アイアンで軽く越えるのに、池越えとなると意識して力んでしまい、トップしたりダフったりして池ポチャになってしまう。そんな時、いいボールだともったいないので傷ついたボールや拾った古いボールに変える人がいます。それが意識している証拠です。『意識をするな、自然体で行け』これが難関をクリアするコツです。ええ女がいても意識はするな、ぎこちなくなるぞ、自然体で行け、それが女にもてるコツやと言い聞かせつつ、今日もまた女にふられ池ポチャをくり返している毎日です。

素振りなら何でまわりを見渡すの

空振りしても涼しい顔して「さあ本番行くぞ」

朝一番のティーショットは誰でもいやなもんです。ダフリ、ひっかけ、チョロ、シャンク、といろんな技が登場します。その中でも一番強烈な技は空振りでしょう。心優しい人は「けいこ、けいこ」と言ってくれますが、そんな人は奥さんか、彼女の名前が「けい子」という名前でしょう。空振りをした時は本当に穴があったら入りたい気持ちなのに、そんなホールはなかなか穴に入らずに困ってしまいます。コース内でもライの悪いところや林の中、木の根っこの所へ行きますとひと苦労です。クラブが木の枝にひっかかったり、足もとが安定せず、空振りもあります。そんな時はさも素振りのような顔をして「さあ本番行くぞ」と構え直すくせ者がいます。そんなくせ者は度胸が座っていますから堂々としていますが一般の人は駄目です。すぐ周りを見渡して「誰か見てたかな？」とキョロキョロします。その時はもうばれている時です。

がんこ者謝りゃ一打ですむものを

ＯＢのピンチ。グリーンを狙わずに横に出して1回〝謝れ〟

人間年をとってくると、のんびりとして、子供みたいにかわいくなる人と、頑固一徹で怒りっぽくなる人と、二通りに分かれます。私は？　後者の方です。性格がいびつになってきました。上手な人はＯＢやミスショットをしても後のリカバリーで被害を少なくします。我々のような下手っぴぃはＯＢを出しても同じ位置で、同じクラブで、同じような球筋で２回、３回と同じ誤ちをくり返します。最初の失敗を次の１打で取り返してやろうと力んでしまって墓穴を掘るのです。特に林の中に入った時など、直接グリーンを狙わないで横へ出して１回謝ってください。横が無理なら後ろへ出すくらいの勇気を持ってください。そうすれば…。何？　後ろへ打ったけど後ろにも木があってそれに当たってＯＢになった？…あんたもやっぱり下手です。

ＯＫと言ってくれるをしばし待ち

日本人はもっと「ＯＫ」と言わなあかん!?

パットの調子の悪い時に「ＯＫ」が出るとほっとします。一番苦手は下りのフックライン。下りとなると、これがまたわずかでもＯＫが出ん。このわずかが怖い。これつらい。ゆるく打てば左に曲がるだろうし、ちょっとでもきつければ3倍ほど転がる。カップの向こう側へ、コチンと当てるように打てば曲がりもないのだが、そのコチンの勇気がない。それができれば人間もっと出世しとる。生涯課長代理どまりなんて事はない。もし「ＯＫ」が出ようものならあわててボールを拾う（相手の気の変わらんうちに）。ラスベガスの時に味方のヤツがＯＫを出すのもおかしいがうなずける。先日、ＯＫパットのようなのにＯＫが出ず、ことごとく外して大負けをした。日本人は「イエス」「ノー」よりもっと「ＯＫ」をはっきり言わないかん。

雨降らず予報当たらず腹立たず

雨の日のゴルフほどつまらんものはない

日ごろはあまり気にならない天気予報も明日がゴルフとなると1時間ごとに聞いたりします。前日は快晴なのに当日が雨で、そのあくる日がまた、カラリと晴れたとなると腹が立ちますなあ。あの予報も外れる時は「晴れ」と言って雨になるより、「雨」と言ってて晴れる方が多いと思いません？　あれは「雨」と予想して晴れても誰も怒ってこないからと違いまっか。雨の日はメガネをかけている人はワイパーが欲しくなります。ボールにはランがないし、足元は滑る。傘をさしたり、すぼめたりしながらのプレーです。一番つまらんのがグリーンです。水音たててボールは止まってしまう。ボールがころがらんから「乗ったら2パットにしよう」なんてことになるとグリーン上の妙味がなくなります。パットの鬼と言われる正児？　にとってはつらいことです。だから雨の日のゴルフと王将のない将棋ほど、つまらんものはありません。

その腕でほんまに90切ったんか

大口を叩いた頃が懐かしい

生意気なようですが、年も60近くになりますと、いろいろなことがありました。女にふられたり、人に裏切られたりは数知れず。でも女をふったことと人を裏切ったことがないのがとりえです。

ゴルフ歴も15年を過ぎますといろいろなことがありました。ハーフで60以上叩いたことは数知れず。でも30台で何度か回ったことがあるのがとりえです。最近は回数も減りました。

スコアも落ちました。かつては1ヵ月の間に20

日もゴルフをした月もありました。また、お盆の暑い時に8日間連続でプレー（うちワンハーフが2日）したこともありました。8日間のゴルフが終わって嫁が「もう堪能したでしょう」と言った時「もし明日が休みなら明日もやりたい」と言ったのを覚えています。

仕事が終わって帰って来ても夜の8時ごろであれば「まだ1時間は打てる」と打球場へと走りました。あれは誰だったのでしょうか？　最近はここ2、3回、ずっと100が切れません。「ハーフで45以上叩くのはゴルフやないで」と大口を叩いていたころを思い出しながら、今、ミナミの場末の居酒屋で飲んでいます。しらすを肴《さかな》にイモ焼酎の島美人をロックでやってます。明日、いやもう12時過ぎたから今日か、ゴルフです。この分だと100は切れんじゃろ。パートナーが「お前、その腕でほんまに…」と言う声が聞こえてきます。「焼酎おかわり！」

「ＯＫ」も一打となります専務殿

足すのも引くのも地位次第

真夏の炎天下のゴルフと真冬の厳寒のゴルフには気をつけてください。特にご年配の方で、高血圧の人、不整脈のある人、ニトロを必要としてる人、無理はしないでください。バイアグラと一緒です。ここぞとばかりに無理して攻めたてると極度の緊張感と失敗した時のショックでプッツンと切れる場合があります。その時のためにグリーン上では少し長いパットでも「ＯＫ」を出します。ところが、その温情のＯＫパットを数に入れん人がいるのです。ＯＫをくれたからこれで終ったと思うので

す。その人が偉い人だと始末が悪い。それが2回、3回と続くと同伴プレーヤーも気分が悪いもんです。といって面と向かっては、よおー言わん。猫に鈴をつけに行くようなものです。

大きなタイヤ会社の専務がロングホールで6オンしました。最初のパットが1メートルほどショートしました。同伴の3人がすぐ「OK」を出しました。

相手が専務でしたから…。当人はエンピツをなめながら「ハッハッハ、このホールは7つも叩いたよ」と笑いながらスコアカードに7と書いています。「専務、スコアが一つ間違っています」4回目にしてついに進言しました。勇者が現れました。やったぞ、野中君、よくぞ言ってくれた。すると専務は「あ、そうか、すまんすまん、7じゃないわ、6だった。ボギーだね。」専務には王者の風格がありました。

スピーチの稽古するより腕みがけ

「思い知ったか」と優勝の弁

「ハンディ、いくつくれるの？」と言うのが口癖のおじさんがいます。社員13人の旅行業者の社長です。頭のはげた60男なのに名前が千尋《ちひろ》というロマンチックな名前です。このおじさんがゴルフは好きなのにヘタ、顔はジャガイモみたいな憎めん顔してるのにケチ。声は大きいのに気は小さい。背は低いのに血圧の高い人です。この人が30人ぐらいのコンペで優勝しました。雨の中のコンペでした。その時

の挨拶《あいさつ》です。

「パートナーにも恵まれず、ハンディにも恵まれず、お天気に恵まれず、ただアホなライバルだけには負けたくない、金が惜しいの一念だけで、自分の腕を信じて頑張ったおかげで優勝ができました。これも私一人の努力の賜《たまもの》です、えらいぞ、千尋。優勝できなかった参加者全員の方、『どうだ！　思い知ったか』以上で私の挨拶を終わります」大爆笑、大喝采《かっさい》でした。この挨拶をいつかやってやろうと前々から練習ばかりしていたそうです。

ちなみにこの時のスコアは50、51でしたがハンディが36出たそうです。それやったらスピーチの稽古《けいこ》するよりもっと他の事に力を入れたらいいのに…敗れた参加者全員の意見でした。

大だふり剥がれたターフが泣いている

上野忠美プロ、ありがとう

ただメチャメチャゴルフが好きなだけで、タレントやと言うだけでテレビでゴルフをさせていただき、ギャラまで頂戴してこんな幸せなことはありません。古くは島田幸作プロ、杉原輝雄プロ、前田新作プロとも番組をやり、お世話になりました。短いつき合いでしたが、広島の上野忠美プロ、大分

の鈴木規夫プロにも仲良くしていただきました。

上野プロは、私がアイアンを担いであっちへチョロ、こっちへチョロしている時に「正児さん、ボールをよく見て思い切りターフを取るつもりで打ってみてください」とアドバイスしてくれました。グリップをどうとか、スタンスをどうのと言うのでなく、ただ「思い切りターフを取れ」の一言が効いていいショットが出ました。「きれいに飛んだでしょう。ターフを元の所へ戻してやってください、ターフも喜んでますよ」と結んでくれました。

また、ゴルフで悩んでいます。アイアンショットが悪くなりました。ふと上野プロのアドバイスを思い出して、ターフを思い切り取ってみました。ボールよりターフの方が飛びました。前方でターフが裏返っています。フェアウエーの真ん中で…。剥《は》がれたターフが泣いているようでした。ごめんね。

ちから抜け言いつつ奥歯をかみしめる

いらん時にムダな力を入れるな

ボールは力を入れて打ったから言うて飛ぶもんやない。素振りのような感じでゆっくり振り抜けた時、意外と距離が出ているんです。分かっているんですが、ちょっとでも飛ばそうとついつい力が入ります。特にドラコンホールになりますと歯茎から血が出るくらい奥歯をかみしめる奴がいるものです。奥歯をかみしめると言えば私はどういう訳か、ゴルフが終わって靴を掃除する時、奥歯をかみしめてます。靴の泥や芝を

落とすエアーガンはピストルのように引き金を引けば勝手に空気が出てくるのにそれを不思議といつも口を一文字に結んで「キィー」と奥歯をかみしめて力を入れているのです。別に力を入れたからと言うて決して泥がたくさん落ちる訳でなし、靴がきれいになる訳ないのに歯を食いしばっています。覚えありませんか？　人間無駄な時に無駄な力を使っているものですね。これからはもっとゆっくりと余裕をもって無駄な力を抜いてやってみよう。ゆっくり、ゆっくり、ゆったり、ゆったり…「誰や寝てしもたんは」。

当日賞年齢《とし》をごまかしテレビがパァー

7つも8つも…犯罪ですよ

女性はどうして自分の年を正直に言わないのでしょう。1つや2つならかわいいけれど7つも8つもサバを読む人がいます。これは犯罪ですよ。

優勝はハワイ旅行という大きなゴルフコンペがありました。私の知り合いのゴルフ自慢のホステスさんが参加しました。健闘むなしく29位になりました。ところが29位が2人いました。もう1人も女性です。同スコアの場合は年齢上位という規定です。ホステスさんは34歳で、もう1人の女性は36歳です。すると29位はもう1人の女性で、ホステスさんは30位です。30位は飛び賞ですよ、賞品はお米10キロこしひかりです。喜びました。彼女の年は41歳ですが34歳と七つもごまかしたのが幸いしてお米をせしめました。「結果オーライ」です。

そのあと当日賞の発表です。「今日は10月29日なので29位が当日賞です。賞品は大型カラーテレビです！」36歳の女性に持って行かれました。「結果アウト」でした。

空振りを一打としたのを自慢すな

9打と10打は大違い

分かっていることですが、空振りというのはあまり上手な人はしません。下手な人がよくすることですが、これは打つ意思があったから完全に1打です。8打で上がった人が空振りがあって9打になっても、そう変わりませんが9打が10打になるとつらいもんです。1ケタが2ケタになりますから…。ホールアウトして「私はパーです」「私はボギーでした」と言ってる中で「ほんまは6ですが、林の中で空振りを1回したので7ですわ」と自慢げに言ってるヤツがいました。「正直で偉いやろう」と言いたいのでしょうなあ。それとも7を叩いた言い訳でしょうか。この人は誰も見てなかったら6で通したかったのに違いありません。パートナーの一人がチラッと見てたような気がしたので6でなく7と言ったのです。真実は一つです。その真実を申告するのに自慢することはありません。余計なことを言わずに「7です」と言うと実にスマートなのにと…。「おい正児、それ、お前のことと違うか?」深く詮索しないでください。

雨降ろと風が吹こうと下手は下手

言い訳は〝いいわけ〟ありません

競馬とゴルフの違いは、競馬に大穴はあってもゴルフに大穴はありません。馬は本命馬でも馬場の状態が悪かったり、枠順に恵まれなかったり、展開次第等で実力が発揮できずに負けてしまうことがあります。意外な馬が意外な所から抜け出て、あれよ、あれよの番狂わせがあります。ゴルフにはそんなもんありまっかいな、雨が降ろうが風が吹こうが下手は下手です。

「あの時、雨が降り出してメガネが曇ってス

リーパットした」とか「同じ組に飛ばし屋がおったから力が入ってOBが出た」と言うのは下手の言い訳です。いいわけありません。たまに結果オーライでミスショットが木に当たってナイスオンもあります。「これを狙っとったんや」とギャグを飛ばしてもそれは1回こっきりのこと、2度と同じことはできません。何度も言います。練習もせんと月いちゴルフの下手な諸君、雨が降ろうが風が吹こうが下手は下手です。いいクラブを持とうが、いいボールを使おうが下手は下手です。うちの嫁にはっきり言います。どんな高級な化粧品を使おうがエステに通おうが「いい女はいい女やがブスはブスやぞ」

君ならば越せると言われて「フォアー」の声

悪魔のささやきに乗せられて

「男のロマンだ」とか言って230ヤードの山越えを狙って行くヤツがいます。そんなことをしても残りはピッチングで打つか、8番アイアンで打つかの差しかないのにショートカットが好きなんです。オードリー・ヘプバーンみたいなヤツです(シニア用の古いシャレですみません)。

「さっきのショットはすごかったね」とか「君なら楽に越えるよ」と言う悪魔のささやきに乗

せられて狙うバカがいます。みんな失敗を期待しているんです。見事ＯＢで隣のホールに打ち込みます。「フォアー」と言うキャディさんの声が「アホなことして」という風に聞こえます。ゴルフは同じ失敗を繰り返して賢くなります。賢くならんヤツも中にはいますが…。

「バカほど飛ばしてどうするねん、ゴルフは上がってなんぼや」と言ってアイアンで刻んで失敗するアホが出てきました。するとＯＢを出したバカがアイアンで刻んだアホを笑います。バカとアホの絡み合いです。♪古いヤツだとお思いでしょうが古いヤツほど新しいクラブを欲しがるもんでございます。これじゃあ世の中まっ暗闇じゃあございませんか（シニア用の古い歌ですみません）。

いいスコア出たからここはいいコース

いいゴルフ場の条件は

「おーい、××カントリーと言う所はいいゴルフ場か？」「ああ、あそこはいいよ。グリーンもきれいやし、コースも面白いし、広々としてるし、手入れが行き届いてるから気持ちがいいね」。こんな会話をよく耳にしますが、このいいコースというのも人それぞれ違います。飛ばし屋の人はOBのない広いコースが好きで左右の狭いのをいやがります。逆に飛ばない人

は狭くてもいい、あまり距離のあるのは苦手です。バンカーが多いのをいやがる人、池越えが駄目な人、パットの下手な人はアンジュレーションのある広いグリーンは駄目でしょう。年配の人はアップダウンのあるのを避けてフラットなコースを好みます。カートがないといやな人、クラブハウス、風呂が立派なのが好きな人、キャディさんの感じのいい人が多いというのもいいゴルフ場の条件に入るでしょう。食べ物がうまい、料金が安いというのはわれわれの好みです。しかし、みんなに共通して言えるのは自分がいいスコアで上がったゴルフ場は誰もけなしません。「最高のゴルフ場やね」と本人は思っています。夜、ネオン街に飲みに行ってもうまい酒を飲ます店、うまい物を食わす店、カラオケの音響のいい店、それぞれ好みはありますが自分の好きな女がいて、またその女がこっちに傾いてくれそうな店、それが最高の…あれ、話が変わりましたか？

「今の何番？」聞かれて小さい番手言い

クラブも嫁はんも自分の使ったもんや
これからは正直に言うぞ！

150ヤード飛ばすのは大体7番アイアンでしょうか。でも6番で打っても良し、クリークで打ってもいいんです。人それぞれの力と得意のクラブがありますから。それは分かっているのですが4人のうち3人が7番で打ってるのに1人だけ6番はつらい。8番なら肩で風を切って打ちますが…。だから2、3本持って行き、その中の1

本だけを分からんように抜いて打つのです。番号の数字の所を手で隠して。そんな人の心も知らず「今のは何番?」と聞くヤボなヤツがいるのです。ルール上はダメですが仲間のコンペではよくあることです。そんな時についついウソの小さい番手を言ってしまいます。

6番アイアンについた土と草を分からんようにぬぐってキャディバッグのアイアンの中へ入れてしまいます。2、3本持って行って打つのはいいのですが、うっかりして番手を間違えて打ってしまうことがあります。案の定ショートして前のバンカーで目玉です。誰にも怒れません。自分のせいです。これからは堂々と自分の使った番手を言ってやろう。本当のことだから何も恥じることはない。うちの嫁はんにも言ってやろう。今まではお前のことを「お手伝いさんや」と言うてたけど、これからは堂々と「うちの家内です」と紹介するからなあ。自分の使ったもんやのに何も恥じることはない。みんなは言うやろなあ、「えらいミスショットでしたね、番手を間違えたんですか?」。

真ン中のフェアウエーだけをなぜ避ける

パーオンが嫌なんか？

「このミドルホールは180ヤードぐらい先から左へドッグレッグしています。ショートカットもできますがキャリーで200ヤード飛ばないとOBです。右は広いですが遠くなりますし、大きなバンカーが2つあります」キャディさんが説明しています。なるほど、2つのバンカーがよう効いてるわ。

結果、2人がバンカーに入れました。1人はOBです。最後の1人はチョロをして120ヤードほど飛んでラフに埋まりました。うまいこと、造ってあるわ、ゴルフ場のコースは…。人の心理をついて設計者の術中

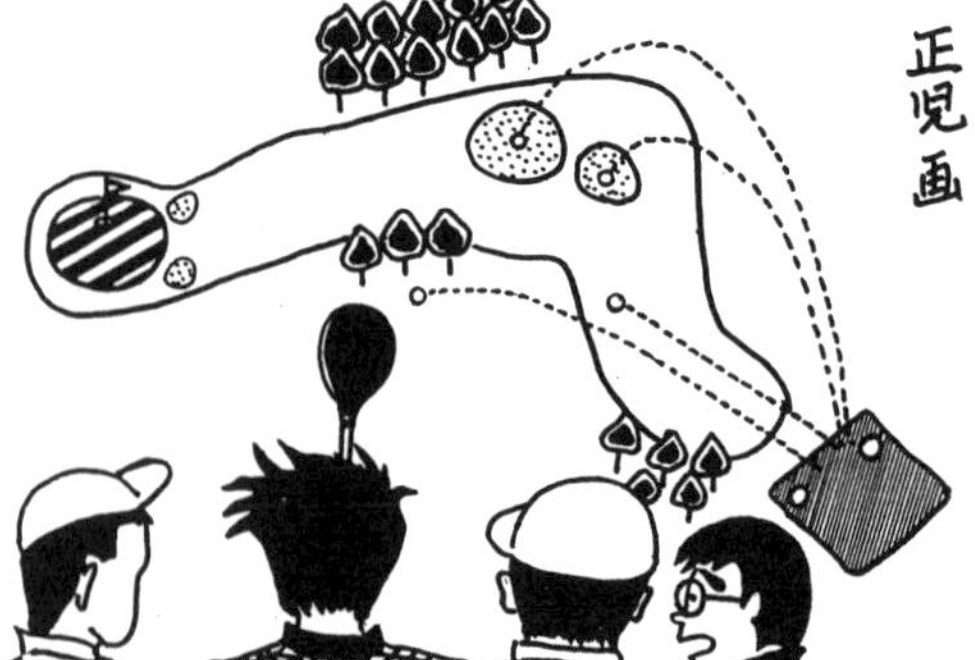

にはまってもがいています。

ティーグラウンドのティーマークが右の方に向いていると見事に右へもっていきます。「左はダメですよ」と言われるときっちり左へひっかけます。「前は池ですよ」と言われて初めて池に気がついて今までナイスショットをしてたやつがわざわざ池に打ち込みました。言わんといてほしいわ。言わなんだら言わなんだで「何で言うてくれへんねん」と怒るのが客です。

シングルの人のパーティは4人とも、フェアウエーの同じような所へ打っていきます。われわれのパーティは山あり、谷あり、バンカーあり、みんな個性的です。ティーグラウンドでは4人一緒ですが、つぎに顔を合わすのはグリーン上です。「お久しぶりです」となります。「おい、みんな、この広いフェアウエーに思い切り打っていってパーオンするのが嫌なんか?」。

ジャンボとか青木を真似てダボ叩き

プロから学べ!! 良い面を

テレビ中継でプロがアドレスの時にクラブヘッドをクルックルッと回したり、パットの前にパターをかざして芝目を読んでいるのを見ていると、つい真似《まね》をしたくなります。それがいい結果につながればいいのですが、往々にして自己満足だけで、周りから見ているとあまり格好のいいもんじゃありません。また、時間の無駄です。例えばプロでもフェアウエーでプカプカとタバコをふかしていたり、ガムをかんでい

たり、失敗してクラブを地面に叩きつけていたりしますとファンでもがっかりします。明るい笑顔のプロには好感が持てます。
スコアが悪いのにニコニコするプロはいませんが何はともあれ、我々素人もプロのいい面だけを学びましょう。人生、何事も教師と反面教師があります。「あの人と回るとゴルフが楽しいなあ」と言われる、そんな素人になりたいものです。雨の日もあるでしょう。風の日もあるでしょう。せっかく来たのですから、不平不満を言っていると余計に不愉快になります。

雨にも負けず
風にも負けず
夏の暑さにも
冬の寒さにも負けない
そしてチョコの握りにも負けない、そんな人に私はなりたい。

「6」ですか念を押されてばれたかな

ウソが許されるのは女性をほめる時だけ。1打や2打でビクビクするのも…

ホールアウトしてスコアを記入する時に「わたし、5でした」とか「ボギーです」とかパートナーに報告します。パーとかボギーなら間違うことはないのですが数多く叩いた時は「あれ、こんなに叩いたかな?」と疑問に思うことがあります。でも叩いているんです。また、それをごまかすやつがいるんです(わたしじゃあないですよ)。数を少なく言ってしまう悪い人が…。空振りを一つごまかしたり、バンカーで三つ叩いたの

に二つと言ったり（わたしじゃあないですよ）。

ゴルファーとしての資格はないのですが、林の中や頭の見えない深いバンカーの中での1打は分からんじゃろうと思うんですかねえ（わたしじゃあないですよ）。

上手なプレーヤーは下手のすることくらい分かっていています。こいつ、ごまかしてるな、と分かっていても言いません。「6ですか?」とちょっと念を押すくらいです。「は、はい」と言ったものの声が動揺しています。楽しくないじゃないですか、1打や2打でビクビクするゴルフなんて、犯罪者が時効前に息を殺して生活しているみたいで。

ゴルフは明るく、楽しく、そして下手でもいいウソのないゴルフをしましょう。ウソを言っていいのは女性に「きれいですね」とか「若いですね」はつらくても言ってください。許されるウソです。

…「人生は、自分に厳しく、他人にやさしく」。

苦労せず楽してゴルフがうまなりたい

けいこは稽古じゃ敬子とちゃうぞ

「修業」という言葉は「死語」になったのでしょうか。芸人さんでも師匠について舞台に出られなくても袖から芸を盗み、けいこにけいこを重ねて芸を身につける人がいなくなりました。

スポーツも同じことです。才能もさることながら毎日毎日の練習を怠りますと下の人にすぐ追い越されます。いかにけいこが大事か。

杉原輝雄プロとゴルフ番組で一緒になった時、プロが5メートルくらいのパットを外し、素人の人がワンパッ

トで同じ距離を沈めました。ディレクターが気を使って「プロ、もう一度撮り直しをしましょうか?」と言った時に杉原プロは「いいです。プロでも練習不足だと素人の方に後れをとることもあるのを見ていただきましょう。そのままオンエアしてください」と言っておられました。けいこ熱心な杉原プロらしい言葉でした。

そう言えば、うちのレツゴーじゅんも言ってました。「けいこに勝るものはない」と…。でも、じゅんは自分の嫁さんを褒めているんです。じゅんの嫁は確か敬子《けいこ》という名前でした。「敬子に勝る者はない」と。

今日迷い明日《あした》さとりて又迷う

ああ天才に住みついてもらいたい…

「やっと分かったわ。何でドライバーが飛ばんのかと思ったらアドレスが悪かったんや、右肩が下がってるねん。これはボールをすくい打ちするからテンプラになって飛距離が出えへんねん。そうか、開眼したぞ」。

これは私が3日前に言ったセリフです。このセリフをもう翌日には撤回しました。フォームを直して打っているのに勢いのないテンプラボールが出ます。また分からんようになるのです。ゴルフはこれの繰り返しです。ちょっといいスコアを出すと「私は何と素質があるのやろう」と思い、50以上叩くと「いつまでたっても下手クソが」と頭をかかえます。人間は「天才と下手クソ」が同居しています。できれば下手クソさんに出て行ってもらい、天才さんに住みついてもらいたいものです。ところが逆になるんです。思う人には思われず、思わぬ人の言うまま気まま?

プロでも悩みたおしてるじゃあないですか。素人の皆さん、ゴルフ好きの皆さん、涙を流して悔しさをバネに上手になってください。

よく言うじゃありませんか、勝った試合はプラスにならぬ。ワァーと喜んで終りです。進歩はありません。負けた試合のくやしさは次こそは、と努力もしますしがんばりもします。負けて負けて負けて強くなりましょう。

私も今、その真っ只中です。

回復剤茶店のビールで又崩れ

人生もゴルフも諦めが肝心…「うちの嫁はんの化粧と同じです」

酒飲みはしょせん酒飲みです。雨が降ったと言っては酒を飲み、空が晴れたと言っては酒を飲みます。そうでなくてもゴルフの前日は嬉しくて酒の量が増えます。ゴルフの言い訳で一番多いのが「夕べ寝てへんねん、明け方まで飲んでたんや」これです。それでもスタートの時は「ゴルフも人生も諦めたらいかん、最後の最後まで夢を捨てずに」と生意気なことを言ってい

ました。そんな状態ではいいスコアが出るわけありません。４ホール目で息があがりました。「もうあかん、今日は調子が悪い」と諦めかけた所がちょうど茶店の前でした。

目が輝きました。「一杯飲んだら調子が出るのと違うか」と酒飲みは自分勝手な理屈です。足はもう敷居をまたいでいます。「ビールちょうだい、それに胃薬も…。」胃薬飲んでまで酒飲むなと思うけど、本人は満足しています。それで良くなったら苦労はしません。

結果、うちの嫁はんの化粧と同じです。崩れた上にまた崩れます。回復剤が破滅剤になってしまいました。スタートの時と考えが変わりました。「人生もゴルフも諦めが肝心や」。

もうやめた二度とせんぞは聞きあきた

カメのように山頂目指して…
我々凡人は他人の失敗を期待する

ゴルフが終わって一息ついてグッと飲むビールのうまいこと。その時の第一声に「もうゴルフはやめた。二度と電話せんといてくれ」というのは本心で言っているのではなく照れくささを隠す言い訳です。裏を返せば「今度いつ行くの？　必ず電話してよ」の意味です。永久スクラッチと称する仲間と回る時は自分のスコアよりライバルのスコアが気になります。自分のゴ

ルフに専念できずスコアが乱れます。

ウサギとカメはどちらが勝ちました？　カメですね。なぜ勝ちました？　ウサギはカメがのろいのを見て昼寝をして負けましたね。カメはウサギなど見ず、山の頂上の旗を目ざしてマイペースで頑張りましたね。ゴルフもそうありたいものですね。パープレーを目ざして自分なりのゴルフをすれば良いのです。我々凡人は自分の努力より他人の失敗を期待します。明日から心新たに頂上の旗を目ざして頑張りましょう。カメさんになりましょう。

後続が追いつくたびにチョロが出る

人目が気になり力入ってOB
プレッシャーに勝たないと

プレッシャーってあるもんですね。朝一番のスタートホールのティーショットとかギャラリーの多い時のショットはつい力が入ってナイスショットが出ません。中には人が見ていてくれた方が張り合いがあると頑張る人もいます。われわれ芸人は目立ちたがりやです。後者の人も結構います。仲間うちがギャラリーの場合はやじが飛んで来ますから、それにも打ち勝たねばなりませ

ん。突然女の名前など飛び出しますとドキッとしてチョロが出たりします。身に覚えがあるのか古傷がうずくんですね。

ショートホールで前の組がマークをして「どうぞ」と打たしてくれる時とか、込んでいて後の組が追いついて来て見ている時がよくあります。これは他人ですから別に気にしなくてもいいのですが「あいつは乗らへんで」とか「一番ビリケツに打ってるからきっと下手やで」とか言っている様な気がするもんです。力が入ってOBです。何でもない120ヤードの谷越えが届かずOBになりました。「フォアー」キャディのハスキーな声が長々と響き渡ります。この状態を「オービー」に短しハスキーに長し」と言うのです。

飛ばんのに人より飛ばすはジョークだけ

ミスの後にジョークまたジョーク…これではうまくなりませんなあ

ティーショットを失敗して「アプローチを先にしたよ」と言ってるやつがいます①。「こんなジョークはプラス思考でかわいいです。でもまた、その後もアプローチばかり続けてトリプル叩いていました。

シャレを連発するやつもいます。「ナイスショット今日いち」と言うと「ハイ、僕、佐藤京一です」と言ったやつ②。

「そろそろ行きましょか?」を「墓地《はかば》、墓地《はかば》、いや、ぼちぼち行きましょか」ととぼけるやつ。ナイスショットをしたやつに「さすが!」と言うと「さすが八郎です」と死んだ歌手の名前を出すやつ。バンカーで三つも叩いて「カットへ行って来た」「何で」「さんぱつ」と得意顔のやつ③。こんな事言っているやつはゴルフはうまくなりません。そんなやつに言ってやりました。「お前のシャレはナスビの先や」「何デ」「ヘタ」④。

以上を全部川柳にしてみました。

①チョロ出して先にアプローチしたと言い
②今日いちと言われた人の名が京一
③散髪をした日にバンカーで3発も
④我がゴルフナスビの先やヘタやなあ

水面ではねて奇跡のナイスオン

水切りショットでグリーンオン
結果オーライもいいところ

池越えのショートホール。しかもちょっと砲台グリーン。ピンは手前に切ってある。こんな時こそ高く上がってスピンのかかるような止まるボールを打たなければいけません。ショートすれば池、乗らなければころがって落ちてしまう。オーバーすればバンカーかOBです。

こんな時に強いのは怖い物知らずのハンディ30以上のやつです。何を血迷ったかウッドを持ちました。トップして池ポチャです。ところがその池ポチャが水切りショットになって上陸しました。勢いがあるからラフをかけ上ってオンをしました。結果オーライもいいところです。○×式のテストで答えが分らないからエンピツをころがして○×をつけたら全問正解だったみたいなもんです。

打ち込んだこっち向いてるどないしょう

待ちきれずに打ったらナイスショット

どうしてなんですかね、ゴルフの時の前の組の遅いこと。そんな時は必ず待ちチョロをします。特に自分の前の組だけがメチャメチャ遅い気がします。私がせっかちなんでしょうか。「何べんも素振りするなよ」「早く打てよ」「打ったら走れよ」「クラブは2、3本持って行けよ、わざわざ取りに戻るなよ」と聞こえないのを幸いにブツブツ文句を言っています。あまりの遅さにつ

正児画

いつい早目に打ってしまいました。そんな時に限ってナイスショットです。ポトン！

「しまった」思った時はもう遅い、４人全員がこっちを振り返りました。よく見れば４人とも、こわそうなお兄ちゃんです。

「痛い！」当たってもないのにそんな声が聞えます。「すみませーん、届かんと思ってたのがナイスショットになりました。ごめんなさーい」相手はニッコリ笑って手を振って歩き出しました。

「あーよかった」何事もなかったのでほっとしましたが、その中のひとりが一言「あとで茶店で話をしよう」恐ろしい一言でしたが「兄ちゃん、よう飛ばすなあ」で終わって私は「ホッ」。

シャンプーをしながらもしやとニヤリする

風呂場は井戸端会議の花ざかり

コンペのプレー終了後の風呂場の中は井戸端会議です。「どうでした？」「あきまへん、ショートホールで八つも叩きましたわ、パットもスリーパット5回もしました」「私も8ホールまでは3オーバーで来てたのに最後のロングで2連続OB出して九つも叩きました。あれさえ無かったら」「けど、そこが隠しホールやったら望みおまっせ」と都合のいい話に花が咲きます。特にその時の話し相手が上司か得意先関係の人

ならさらにヨイショが加算されます。

「それで43、45の成績なら入賞は間違いないですよ。ペリアの運次第で優勝もありますよ。きょうはカップの位置が難しかったから皆成績が悪い。ベスグロの可能性も…」と、お世辞も上のせしました。それを聞きながらシャンプーしていた私もニッコリ笑いました。45、44で上がってるんです。2ヵ所で大叩きしてるのでこれが隠しホールならと色気が出ました。

鼻歌まじりのシャンプーになりました。ショットのスイングしながらシャワーを浴びています。風呂を上がって鏡の前でヒゲをそりながら「良きパートナーに恵まれ…」とスピーチのけいこをしました。おかげで3ヵ所も血が出ました。そしてパーティ会場へ向かいました。

1時間半後に参加賞だけをいただいて出てまいりました。ヒゲそりで3ヵ所もケガして参加賞です。大きなビルや建造物は設計図通りちゃんと出来上がるのにゴルフは青写真通りには出来上がりません。明石大橋は偉い、黒四ダムは偉い。

90が切れずに女と縁が切れ

〝浩美ドライバー〟で250ヤード飛距離は伸びたのに…

最近ゴルフで勝ったためしがありません。「女にもてでるうちはゴルフはうまならんわ」と私の得意のセリフです。それも言えなくなりました。ゴルフは下手になる、女にはもてん、年はいく、体力が無くなる、下半身のロフトも力強さがなくなりました。

3年前はカートがあっても乗りませんでした。2年前は午後は乗っても午前中は必ず歩

きました。最近はスタートから乗ってます。スコアも90が切れんようになりました。ただドライバーだけは飛ぶようになりました。女子プロの小林浩美さんのおかげです。スポニチ創刊50周年ユニセフチャリティーゴルフが2年半前に小林浩美さんを中心に行われました。その時の前夜祭のパーティの司会を2年連続で手伝わせていただきました。そんなことがきっかけで親しくさせていただき、先日、彼女から愛用していたドライバーを頂いたのです。彼女のためにアメリカで特別にあつらえて作ったやつで、ロフトが7度のキャロウェイのドライバーです。7度ですよ、7度。今まではテンプラで180〜200ヤードしか飛ばなかったのに7度のキャロウェイのおかげで250ヤードが出ました。新地の花屋の店先です。(蘭＝RUN＝がたくさん出ています)。

来年還暦を迎える男、レッツゴー正児に朗報！　ドライバーショットが250ヤード！　まさしくキャロウェイ・ビッグバーサの7度はバイアグラです。20年前の男にしてくれました。ところがスコアは伸びません、90が切れません。こっちを向いていた彼女も若い男の方へ行ってしまいました。ゴルフってそんなもんですね。

ゴルフは嬉しくもあり寂しくもあります。

2センチは風が吹いても入らんぞ

〝親の辰〟が笑顔の勝利

この間、法隆寺CCでギネスに載りそうなことがありました。一緒に回った4人が全員「辰年《たつ》」生まれでした。

私が昭和15年生れの辰年です。もう一人は私より一回り下の辰でした。そして親子で来ていた人はお父さんが昭和3年、息子さんが27年の辰ずくしです。

そこへついたキャディが古いベテランでこれまた私と同じ年の辰です。「いやあ奇

遇！」と五辰の組のスタートとなりました。ゴルフ歴30年の71歳の長老、おやじ辰が若い者に負けじとナイスショットをします。アプローチがうまいから上がればきっちり私が負けています。息子辰も頑張りました。4人の中では一番若いからよく飛びますがパットは今一つでした。400ヤードを2オンしているのに残り10ヤードのグリーンを3パットというのが何回かありました。400ヤードのフェアウエーより10ヤードのグリーンの方が長かったようです。

親子辰の勝負は最終ホールに持ち込まれました。ドーミーホールは、おやじさんはパーオンならずでしたがアプローチでピンそばへ寄せてパーを拾います。息子さんはパーオンしたのですがまた、3パットです。2センチほど届きません。ショートしたボールに息を吹きかけ後押しします。おやじさんが息子さんの肩を叩いて「台風でも来んことにはそのボールは入らんぞ」と長老辰、笑顔の勝利でした。

カモ来たと言った自分が大ガモに

“非情”のスクラッチのはずが…

世の移り変わりは激しいものです。辺ぴな田舎の町にもいつの間にか高速道路が走り、田んぼの中にもネオンがつき、繁華街に変わっているんです。ゴルフの腕もその通りです。

あるコンペでA君に会いました。パチンコしかやらない彼にゴルフを勧めたのは私でした。ゴルフクラブも私のお古ですがあげました。キャディバッグも景品でもらった物ですが軽量のバッグです。中にロストボールを10個も入れて。いわばA君はゴルフ

においては私の弟子みたいなものです。あれから二年半たちました。

「ええカモが来た」とそのA君に声をかけました。キャリア15年の私ですが勝負には非情です。保険のためなら恥も外聞もありません。すると彼は「生意気ですがスクラッチでお願いします。胸を借ります」と来ました。「いいですよ、生意気でも何でもありませんよ」。

カモがネギを背負って来たとニッコリ笑ってスコアカードの裏にA君とスクラッチと書き込みました。悪い師匠です。弟子からふんだくろうとしているんです。ところが終わってびっくり。楽勝と思っていたA君に午前中は2打、午後は3打も私が負けてしまいました。

朝は私の方からすり寄って行ったのに終了後はA君の方がにじり寄って来ました。「師匠、生まれたばかりの赤ちゃんも1年たてば歩きます。2年たてば走ります」と余裕をもって笑って去って行きました。私も今まで、自分自身が悪い師匠やなあと思っていたのに急にいい師匠やなあと思うようになりました。

風向きを聞いたからとてどう打つの

ボールは飛ばんリズムは狂う…
「風のいたずら」に四苦八苦

「風のいたずら」というとロマンチックで詩的な表現ですが、ゴルフに限って「風のいたずら」は厄介です。ボールは飛ばん、心は乱れる、リズムは狂う、困ったもんです。てんぷらボールを打つ人は空中でボールが止まってしまい、時によっては後ろに押し戻されます。正確に打つためにはゆっくりと振ればいいのですが、ちょっとでも風がやみます

と「今だ！」とばかりに早打ちしてミスショットにつながります。コースの左端へ打ったのに風に流されてフェアウエーの真ん中へ出たと思っているうち右方向へ流されＯＢになってしまったということもあります。生意気にも、風向きを知ろうと芝をつかんで投げたのはいいが風上に投げて顔が芝だらけ、というのも格好の悪い話です。

風の強い日に酒飲みの友人とゴルフに行きました。彼は「昨夜、遅くまで飲んでたよ」と赤い顔してやって来ました。ティーグラウンドに立つと向かい風がまともに当たります。私の帽子が後ろに飛びました。キャディさんが「わあ、すごくあげてる」と言ってる後ろで酒飲みの友人が「ウエッ、ウエッ」とえずいていました。あげているのです。あげてるのが違う。

打つよりも先に「あかん」の声が出る

〝予感〟が大当たり。仕切り直せばよかった…

予感というやつですかね。打つ直前に「やめようかな」と一瞬迷うことがあります。ちょっとティーが高すぎるとか、ボールが右に寄ってるとか、ちょっとした事が気になりますが「えーい！」と打ってしまって、仕切り直せば良かったと後悔します。そんな時は打つよりも先に「あかん！」の声が出ています。

このあかんは大阪弁ですが、関東の人だ

と何と言うんですかね。「駄目だあ」とか「やべえ」でしょうか。でも大阪弁の「あかん」とか「しもた！」とか「またや」というのは親しみがあっていいですね。第一、言いやすいし、言い慣れてる。こんな言葉が言い慣れてるということはミスばっかりしてるんですね。「どんなもんや！」とか「やったぞ！」とか言ってショットをしてみたいもんです。

私の友人にティーショットを打つ時、必ず「クソったれめが！」と言う人がいます。下品ですね。球に恨みがある訳じゃなし、球がクソをする訳じゃなし、口癖なんですね。またそう言わんことには力が入らんのだそうです。奥さんとうまくいってないんでしょうね。ボールが奥さんの顔に見えるんでしょう。

無心でゆっくりと振ってきれいなフォロースルーをとってニッコリ笑う。周りが「ナイスショット！」とか「グッドショット！」と言ってくれて「ありがとうございます」と返す。そんな場面をイメージして私がティーショットを打ちました。「あかん！」

プッツンと音が聞こえた12打目

“冷静沈着”の誓いもむなしく…

「今日こそ1打1打を大切にしてミスを出しても腐らずニッコリ笑って後のリカバリーをしっかりやろう」という健全な気持ちを建前に「仲間全員からコーヒー代をせしめてやろう」という不健全な気持ちを本音に持って、足どりも軽くスタートした。「冷静沈着」の四文字熟語をかかげてのスタートだった。スタートホールと2ホール目はボギーでまあまあのスタートだった。嵐は早くも3ホール目にやって来た。ロングホールでティーショットがOBになった。打ち直した3打目が池ポチャだ。池の横からワンペナの5打目がバンカーに入った。目玉だ。ウ

ニの目みたいに潜っている。「落ちつけ、落ちつけ、バンカーショットはうまかったはずだ」と自分に言い聞かせる。フェースを開いて思い切り手前を叩く。手前すぎてザックリ、ちょっと頭の中で湯が沸き出してきた。次もザックリ。球は同じ位置。「ええい！」とやけくそで打った8打目がトップしてOB。このホールで2つのOBを出した。ガラガラ、ガラ、何かが崩れ落ちる。頭の中のお湯が沸騰した。目の前が急に真っ白になった。「プッツン！」と線の切れる音がした。

「矢でも鉄砲でも持って来い、命までは取らんじゃろ」朝の冷静沈着の四文字熟語なんぞ北極の向こうへ飛んで行ってしまった。結局このホールは14も叩いてしまった。ギブアップと変わらんじゃあないか。今日は全員と握ってるんやぞ。タテの叩きの勝負にしないでヨコの勝負にすれば良かったと天を仰ぐ。神はなぜ私だけを見捨てるのだと自分だけが悲劇のヒーローに思えた。コーヒー代、8人分の出費のために私はうずくまってしまった。せこいヒーローだ。神も仏もないもんだ。客やと思ったやつに負けた。仕方がない、お客さまが神様やから。

山の中ＯＢ痛いがボール増え

“500円玉”拾ってホクホク

ＯＢを打ってボールをなくすのはつらいです。今、１個当たり５００円から８００円します。５００円硬貨を山の中に投げ捨てたようなものです。傷ついた古いボールにすれば良かったと思うのはセコい私だけの気持ちでしょうか。「キャディさん、探しに行かなくてもいいよ。ヘビがいるといけない。僕の家はボール屋さんだから」と冗談を言ってミエを張ります。ボールを探している時に別のロストボールを見つけるとお金を

拾ったような気になります。電話ボックスでテレカの取り忘れを拾った時と同じ気持ちです。もし、そのボールがおニューのボールなら105度数のテレカみたいなもんです。傷ついた古いボールなら残り度数が2、3度しかない使用済み寸前のテレカみたいなもんです。

山の中にOBした。浅い所で時間的に余裕のある時はちょっと奥まで入って行きます。自分のボールはなくても別のロストボールでポケットが膨らみます。「ありませんでした。OBでした」と言いながらも顔はほころびます。自分の好きなメーカーでサラのボールを拾った時の嬉しいこと。分からんやろなあ、シングルでOBを出さん上手な人に、ボール探しの楽しさは…。でもボール探しも程々にしてください。私の知人でボール探しでガケから落ちて足を骨折した人がいました。ボール一つのために3日後、息子さんの結婚式に車いすで列席していました。

もうあかんあとは飛び賞願うだけ

立派な目標も終わってみれば…

コンペの時は誰でも優勝を狙ってスタートするでしょう。それが2、3ホール終わってみると大きな間違いだったことに気がつきます。そこでせめて10位までの上位入賞でいいと目標を切り替えます。それも午前の後半になると見込みなしということが分かります。こうなったらドラコンかニアピンの一発狙いに的をしぼりました。ところが悲しいかな実力と運のなさ、そしてここ一番のプレッシャーに弱い性格がもろに出て、これまたは

かない夢と消えました。

終わってみるといつもは90ぐらいで上がれるのに103も叩きました。これでは上位入賞はダメです。といってブービは無理、もう狙う物は何もありません。いや待てよ、まだ望みはある。大きなコンペや、10位以内はダメでも20位、30位、40位の飛び賞がある。ましてきょうは28日や、当日賞の28位の大型カラーテレビ狙いか…と自分に都合のいいプラス思考でまた望みをつなぎました。

終わってみると28位のマウンテンバイクと飛び賞の30位キャディバッグの中間の29位です。29位は何もなしです。参加賞のドラえもんキーホルダーを頂きました。そう言えばこのキーホルダーは100円ショップで山積みされて売っていたなあ。

ニアピンを取ってボギーの恥ずかしさ

仲間のミスを喜んで　詰めの甘さで喜ばれ

コンペに参加してもニアピンが取れなくなりました。最近は不景気風を受けてコンペ自体が少なくなりました。10年くらい前はよくニアピン賞を頂いたものです。

ショートホールのティーグラウンドに立って「ニアピンの正児、打ちます！」と名乗っていた昔が懐かしいです。１５０ヤードは８番アイアンで打っていたのに今は６番を持っています。２番手も下がりました。落ちたものです。学生

時代の成績を思い出しました。高校一年の一学期は3番以内に入っていたのに三年の三学期は後ろから3番になっていた嫌な思い出です。ずるずると力が衰えていくのが分かります。

4人だけの一組のゴルフでニアピンをかけての勝負でも勝てません。トップのオナーがショートして乗らない。2番手が風で右へ流されてラフへ、3番手がグリーン土手に当たり、キックが悪く手前のバンカーです。こうなるとラストは得です。風の強さと距離が分かりました。番手を一つあげてグリーン左端を狙って見事、オンです。仲間の3人が嫌々拍手をしています。得意満面の笑みでグリーンへ向かいます。スリーパットしてボギーになりました。ニアピンの権利は消えました。仲間の3人が喜んで拍手をしています。

ラッシュ時《どき》持ち込むバッグに目がささる

**帽子かぶって顔隠し
バッグ担いだ満員電車**

ゴルフをする人はほとんどが自家用車を持っていて自分の車でゴルフ場にやって来ます。私も自家用車を持っていますがチャリンコです。第一、運転の免許もありません。あるのはソロバンの免許だけです。

ゴルフの時はバッグ担いでチャリンコで地下鉄の駅まで行き、私鉄かJRに乗り換えてゴルフ場近くの駅へ、そしてクラブバスに乗ってゴルフ場

へ向かいます。クラブバスのない時はタクシーにします。これが比較的高くつくのです。片道3千円ぐらいですから往復6千円。ですから帰りは必ず誰かをキープして乗せてもらいます。

それにしても朝が大変ですわ。よく通勤ラッシュに引っ掛かります。なるべく車両の隅っこに行くんですが、満員の時はそれができません。揺れながらバッグを抱きしめ懸命に立っています。周りの目は冷たいです。「人が働きに行く時にゴルフなんかしやがって」「大きなバッグが邪魔やなあ、下手くそのくせに」と言ってる声が聞こえるようです。電車が揺れるたびにチラリチラリとバッグを見られるのがつらい。名札は裏返します。帽子を深くかぶりエリを立て、眼鏡を外します。これなら私と分かりません。

目的地に着いたので慌てて降りました。降りがけに横にいたおじさんが「遊んでばかりおらんとたまに3人で頑張って漫才やりや」と捨てゼリフを残してくれました。「ありがとう…あんたも頑張りや」と返しました。もちろん「ありがとう」は大きな声で。「あんたも頑張りや」は相手に聞こえんように小さな声でした。

シャンプーが少なくて済むシニア風呂

風呂場で〝アフター毛ア〟バッチリ

ゴルフはサッカーやラグビーと違って年をとってもそれなりに楽しめます。健康でさえあれば80歳代の人でも好きな人は若い者に負けずに頑張っています。

人里離れた山の中のゴルフ場で上品な熟年カップルがゴルフを楽しんでいる姿は絵になります。それが夫婦であっても良し、そうでなくても良し、女性が美しければなおさらです。

男同士でも白髪の人やオデコの広くなった人達が集って同窓会みたいに「お前、俺!!」で楽しんでいる

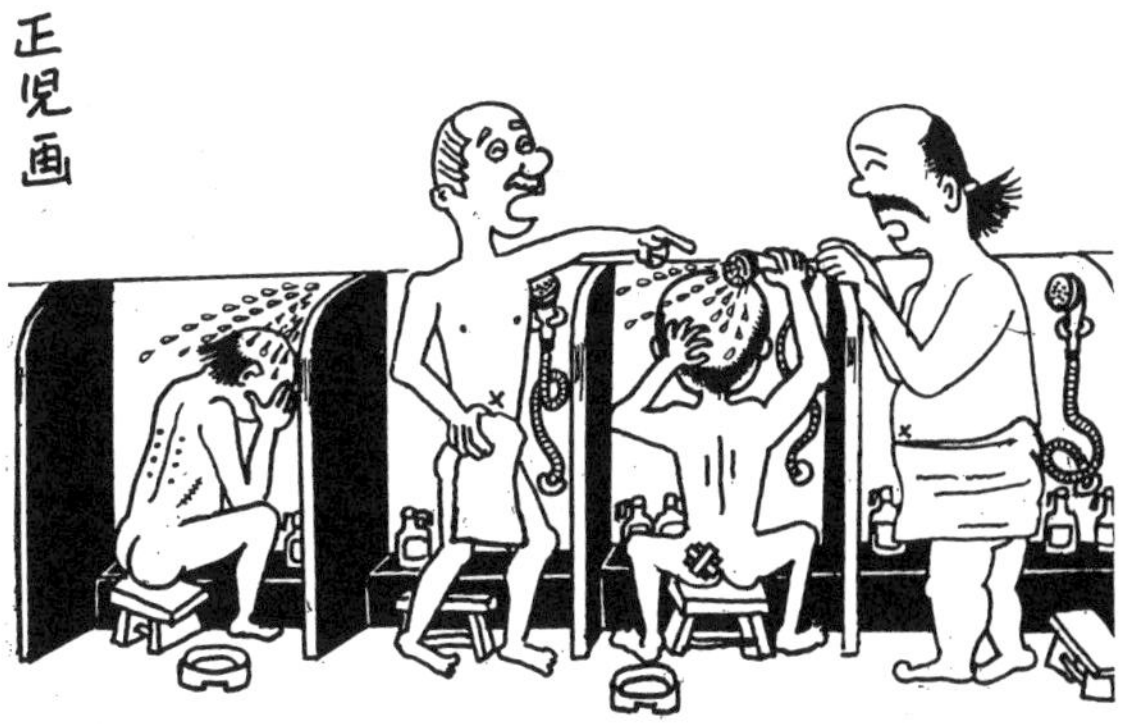

のは実にうらやましい限りです。

だいたいゴルフ場の風呂場は広くてきれいです。何よりうれしいのはシャンプー類がたっぷりあることです。石けん以外に液体のシャンプー、リンス、ボディーシャンプーは言うに及ばずアロエ○○とか薬用××とかいろいろあります。中にはシャンプーとリンスが一緒になっているリンスインシャンプーとかリンプーとか言うのもあります。これは面倒くさくないからいいです。嫌なのは液を薄めてあるやつ。たまにあります泡立ちの悪いの、あれいやですね。風呂を上がってもトニックやヘアローションも使いたおします。ちょっとでも髪の毛のためを思うてか、家の経済のためを思うてか努力します。こんなのを毛剤的（ケイザイテキ）と言うんでしょうか、髪頼み《かみだの》（神頼み）と言うんでしょうか。

足とるかゴルフとるかと医者は言い

ゴルフの方が大事かも

「レッツゴー正児、名誉の負傷」。残暑の厳しい8月31日の夜から9月1日にかけて日付の替わった12時過ぎの事です。酔っ払っていたんでしょうね、止めてあった自分の自転車が倒れてきて後ろのスタンドで左足の向こうずねを切り裂きました。俗に言う弁慶の泣き所というところです。ハンカチできつく縛りもう一軒飲みに行き、結局、救急病院へ行ったのは真夜中の2時頃でした。眠たそうな当直の先生に消毒をしてもらい、包帯をしてもらうと、けが人ら

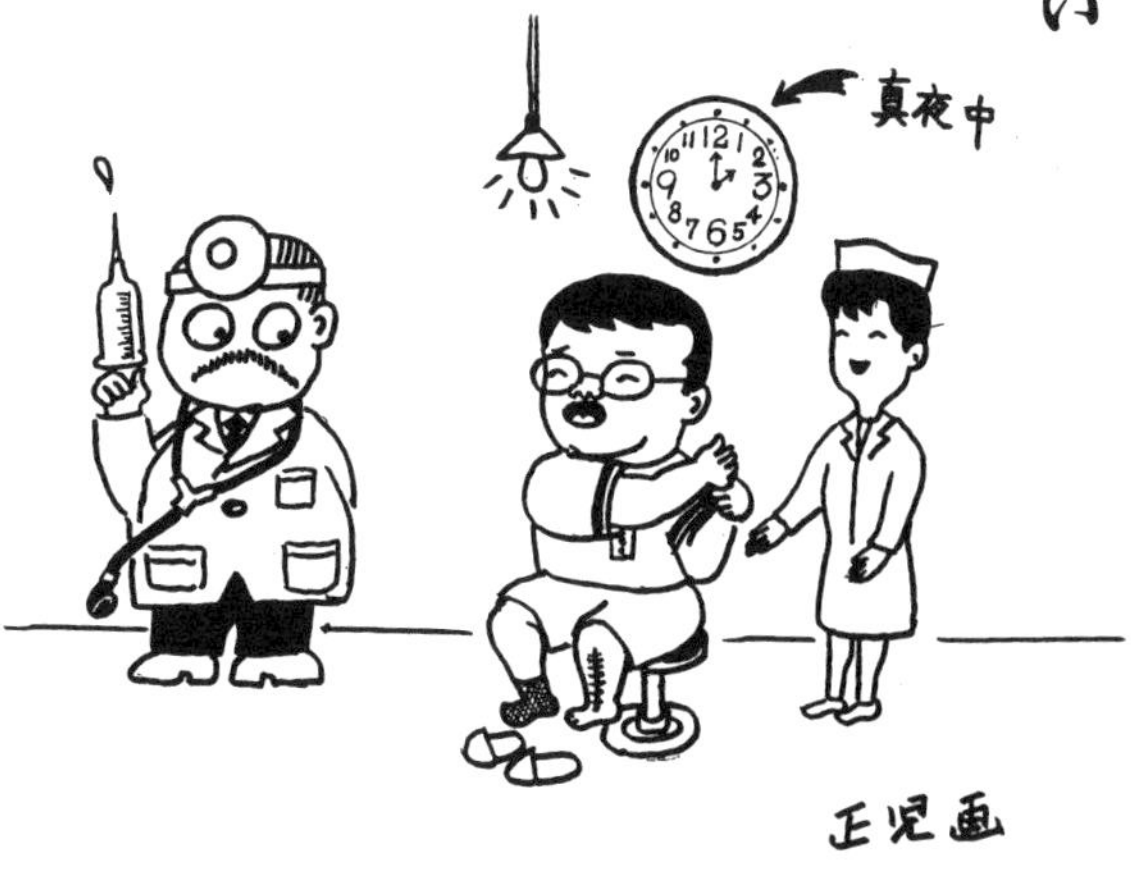

しくなりました。

「明日来なさい、院長先生に診てもらいましょう」「いや明日はゴルフが…」「アホ！」医者は怒って部屋を出て行きました。

翌日（というてももう当日ですわ）キャディバッグを担いで家を出ました。南海電車のホームを歩いている時、包帯に血が少しにじんでいました。痛くはなかったのでそのままゴルフ場へ行き、プレーをしました。昼から雨が降り出したので3ホールでプレーは中止しました。包帯が血だらけになったのと雨で中止になったのが幸いして帰って病院へ行きました。院長がいました。即、手術です。「筋肉が出てきてる。裂け口が広い。皮膚移植せないかんかもしれん」物騒な話です。15針縫って手術は終わりました。「よっしゃ、今日から入院や」院長の命令です。

「いや明日は営業の仕事が…」「アホ、とりあえず部屋空けたから入れ、点滴や」結局1日だけ入院しておとなしくしていました。院長が部屋に入って来てえらそうな顔して言いました。「おい、ゴルフと足とどっちの方が大事やねん？」その言葉にもうちょっとで「ゴルフ…」と言うところでした。

「OK」と味方が言ってるラスベガス

きのうの友は今日の敵

ゴルフでラスベガスという遊びをよくやります。２人がひと組になって得点を競いますが、各ホールごとに敵味方が変わるから面白いのです。きのうの友はきょうの敵です。

「やったあ、敵がOB出しよった、もうけた！」と言ってるとOB出した人が「アホか！このホールはおまえと一緒や」と言われてガックリなんてよくあることです。このラスベガスをやると必ず負け組についていつもマイナ

スの人が出てきます。貧乏神というやつです。反対に自分はヘタクソでチョロやOBが多いくせに強い人にいつもくっついて上がるとプラスで得点を重ねて行く人…これは福の神です。私も好不調の波がひどかったものですから「あんたはプロレスのデストロイヤーか。敵になったらパーやバーディーで上がって強いのに味方になると七つも八つも叩く、なんで味方になると弱いのや」とよく言われました。ラスベガスでパットの時すぐＯＫをくれる人と、なかなかＯＫを出さん人とがいます。30センチくらいのパット時に「ＯＫ」が出ました。球を取り上げると「待て待て！　味方がＯＫ言うな、1メートルもあったやないか」と敵方からクレームがつきました。「いやいや20センチくらいやった」と敵と味方では距離が違うから難儀なもんです。いずれにしても「ＯＫ」は味方が言ってはいけません。そのかわり敵から「ＯＫ」が出れば急いで球を拾い上げてください。相手の気の変わらぬうちに行動を起こしてください。女性とのおつき合いも女性から「ＯＫ」が出れば気の変わらぬうちにすぐ行動を…オッホン！

その球やＯＢの前に打たんかい

ヨメはOBやったんか⁉

ティーショットを打ったとたんに「フォアー！　ＯＢデース。打ち直しデース」打つよりキャディの声の方が早いやないか。何で引っ掛けたんやろ。ああそうか、ボールに近づき過ぎてたんか。そこへダフり気味で入ってきたから引っ掛かって左へ飛んだんか。もうちょっとボールを遠くへ置かないかんのや。一人前に反省をして今度は慎重に打ち直します。バシッ！「ナイス

ショット！」「今日いち！」「何でその球を先に打てへんねん」みんな勝手なことを言っています。後の球をなんぼホメられても最初のOBを許してくれる訳やなし、OBはOBですから3打目です。なんとかOBパーで上がりました。ダボでした。「惜しかったね」「あのOBがなかったらねえ」仲間は口ではそう言っていますが、心の中はニヤニヤでしょう。ラスベガスも20点負けました。

「後のナイスショットが先に出ていたら」と言う悪友の言葉は慰めではなく快感を味わっているのでしょう。「ヨメと彼女とでもそうやないか。ヨメは若い頃に焦ってつかんだから、あまりええのに当たらなんだ、若気のいたりや。その点あとでできた彼女は若いし美人や。何で後の彼女の方が現れてくれなんだんやろうと思うてももう遅い。事実は事実や…」「ちょっと待て。するとうちのヨメはOBボールか」。

これ程の努力を人は運と言う

ガッツポーズも物悲し。
ライバルは知らぬ〝禁酒禁エッチ〟の苦労

われわれのゴルフは波があります。昨日は42、43で回って来たのにきょうは48、51なんてことがよくあります。14も違うんですよ。同じ人間とは思われへん「別人28号」と呼ばれています。次回はうるさいライバルと一緒です。負けるとけったくそが悪い。頑張ろう。金より名誉や、いや名誉より金や。

勝つためには練習や。パットの練習に時間をかけよう。ゴルフはアプローチとパターが勝負やと言うからなあ。

待てよ、この間バンカーで2回も失敗したなあ、バンカーショットのレッスン書も読み直さないかん。体力をつけるために家の周りを走り始めた。毎日10分間だけやけどやらんよりましやろ。きょうで2日目や、あすは休もう。体力より集中力に欠けているわ。原因は何や、精神的な悩みか？経済的な悩みか？　ヨメとうまいこといってないことか、人に借りた金を返す期限が近づいてる、やりくりがつかん、これが原因か？　いやそんなことよりすぐあきらめてプッツンするのが一番いかんのかな。滝に打たれて心を清めようか。でも滝のあるとこへ行くのも大変やからナンバのサウナの打たせ湯で間に合わせとこ。

決戦の前日になりました。酒もひかえた、エッチもやめた。睡眠もたっぷりとった。そのかいあってライバルに1打差で勝ちました。「どうや」ガッツポーズを見せてやった。ライバルが鼻で笑って「運や、運が良かっただけや」と言いよった。バカ、死ぬほどのこの苦労をおまえは分からんやろ。さあ今夜は飲むぞ、エッチもするぞぉ〜。

混んでるなあ一番前は何してる

スコアに響く前の組の〝渋滞〟

コースを回っていて前が混んでいるのはイライラします。せっかちの私にとって待たされるのはスコアに響きます。どういう訳かいつも私の前の組がメチャ遅いのです。いや遅く感じるのでしょう。

「早う行けよ、おじさん」

「赤シャツさん、もう打っても大丈夫やで、あんたの腕ではあそこまで届けへんよ」

「打ったら走れよ」と自分のことは棚にあげ

てぼやいています。我々の後ろの組も同じようにぼやいているのでしょうねえ。「おーい遅いぞそこのメガネブタ！」…誰がメガネブタやねん!!

ボケーと待っている時「混んでいる一番前は何をしてるんやろ?」と思いません？ 自然渋滞やろうけれど中にはグズで故障車みたいなやつもおるんですわ。

ショートでは3組も4組も待っている時があります。売店があれば売店で休憩しますが、そうでないとその辺に座って無駄話です。こんな時はリズムに乗れませんからスコアは悪いです。俗に言う待ちチョロというやつです。各ホール待ちになったらたまりません。ですから朝一番スタートは最高ですね。前がいないからスイスイ行ける。月曜や火曜でもスイスイ行けるんです。(「アホ！」)

1時間半ぐらいで上がって来ることもあります。実に気持ちがいいですね。「だとするとそんな日はいいスコアで上がって来るんでしょう?」

「お黙り!!」

友達もみんな仲良しみんな下手

口だけなら有名プロだけど…

「前回は佐藤に勝ったけど、きょうは負けそうやなあ」とか「修ちゃん、君にはここしばらく1、2打差で負けてばっかりや」とか、われわれ仲間はみんなドングリの背くらべです。

「次のホールのオナーはだれや？」「ボギーの竹本や」。ボギーでオナーですから実力のほどは知れています。前の組はと見てみますとパーを取った人が3番手です。するとトップと2番手はバーディーかパーでしょう。ショートホー

ルが混んでいるので後ろの組を打たせました。４人中３人が乗せて来ました。

うちの組は１人も乗りません。後ろの組もうまい。われわれとはレベルが違います。でも楽しいんです。ヘタばっかりのパーティですが、話だけはプロ級です。売店でも車の中でもゴルフの話になるとだれも譲りません。タラ、レバ論ですが、自分がジャンボであり、丸山であり、片山です。一人勘違いした一番おじいがタイガー・ウッズ気分でしゃべっていました。

昼からのゴルフで最後のショートホールに来ました。朝からのニアピンが三つたまっています。何と奇跡的に４人とも乗りました。「ハイレベルや」と大騒ぎです。旗竿で測ると2メートル手前につけた私がニアピンでした。「イヤーどうもどうも」と、もったいをつけてマークしました。残りの３人が長いパットをみんな2つで沈めてパーを取りました。「ナイスパー！」「ナイスパー」と後ろの組にも前の組にも聞こえるように叫びました。最後にニアピンの私がスリーパットしてボギーでした。みんなパーなのに私はニアピンがパーになりました。

ミミズの子そこのけそこのけシャンクが走る

俳句と川柳

年が変わって初打ちはしましたか？　寒い冬はゴルフがおっくうになります。持病の腰痛が、ひじの神経痛が、ひざの痛風が活躍する季節です。「そのうち温《ぬく》うなったら行こうなあ」と言うのがあいさつになってしまいます。寒い1月、2月は熊や蛇のように冬眠して、暖かくなった3月、4月になると蝶か鳥のように舞い上がります。春に初打ちという人も多いようです。

「目に青葉　山ホトトギス　初がつお」という俳

句も「目に青葉　山ホトトギス　初ゴルフ」になってしまいます。今回は昔からある古い俳句をゴルフ川柳風にアレンジしました。

「スズメの子そこのけそこのけお馬が通る」↓「ミミズの子そこのけそこのけシャンクが走る」。「古池やかわず飛び込む水の音」↓「古池やキャスコ飛び込むミスのショット」。「秋深し隣は何をする人ぞ」↓「ラフ深し隣は卵を生む人ぞ」。「おうおうと言えど叩くや雪の門」↓「ファーファーと言って叩くは100の壁」。「とんぼつり今日はどこまで行ったやら」↓「トン！　ボトリ！　ボールはどこらへ落ちたやら」です。

最近ゴルフの調子の悪い人に私から励ましの一句を…。「やせがえる負けるな一茶ここにあり」をもじって「下手ゴルフ負けるな正児はもっと下手」。

目覚ましの要らない朝が月に2度

初プレー〝全員寝坊〟で万事休す

朝の眠たい時に起こされるのはつらいですねえ。それも夏より冬です。冬の寒い朝、ぬくいふとんの中は天国です。あと5分、あと3分と、わずかな時間にウトウトするこの時の気持ちいいこと。

それがゴルフとなると目覚ましより早く起きて鳴る前にベルを止めます。カーテンを開けて空を見上げて「よし、天気は晴れ」とひと安心です。ひとりで朝めしを軽くつ

ついて嫁を起こさんようにぬき足、さし足で家を出ます。こんなコソ泥みたいなことをする楽しい日が月に2回ほどでしょうか。子供の遠足みたいなものだということはゴルフ好きの皆さんの共通の気持ちでしょう。

今年の初ゴルフはうなぎ屋のオーちゃんたちと行くことになりました。その前日にオーちゃんとミナミのスナックで飲みました。4人で超満員になる坂町のスナックで3時間ねばって帰りがけに「おい、あすは近鉄ナンバ駅に7時半集合。分かってるな、遅れるなよ」と念を押して別れました。ところが、念を押した私が目を覚ましたのは朝の7時25分です。「しもた！　寝過ごした」慌ててオーちゃんの携帯に電話しました。「オーちゃん、すまん、寝過ごした。30分遅れる、8時にして」と言うと「ありがとう、この電話で僕も今起きたとこや。8時ＯＫ！」きっちりオーちゃんも寝過ごしてました。それでもスタート15分前に2人は着きました。フロントへ行くと女の子が「正児さん、きょう一緒に回る岡本さん、山下さんが30分遅れると電話がありました」とメモをくれました。全員遅れです。今年のゴルフは最初から暗雲が立ちこめたようです。

パー沈め自分で言うなナイス、パー

かけ声はタイミングが大事

すし屋で「トロちょうだい」とか「ハマチ」と言うと「トロ一丁！」とか「ハイ、ハマチ！」と威勢よく出てくるから気分がいいのです。しばらくして忘れかけたころに「えーとトロはこっちでしたかな？」では同じトロでも味が違います。

ショットの時のかけ声もバチンと打った、大空に吸い込まれるようにボールが上がって行く…「ナイスショット！」となるから気持ちがいいのです。でもその時に球筋をよく見ないことにはOBで山の中へ飛ん

で行くボールに「ナイスショット！」は失礼です。そこのタイミングとボールを正確に見る判断力が必要です。

ショートホールもオンをしたからとて「ナイスオン！」は失礼な時もあります。大きなグリーンの一番奥に球が止まって、それが下りのアンジュレーションのあるライで、ひと山越えなければいけない。その上に大きなスライスラインとなればオンしない方がましな場合もあるんです。そんな時に「ナイス！」はないっす。

パットの調子のいい日はスコアもいいし、実に気分がいいですね。上りであろうと下りであろうと長いパットを一発で決めて3人のパートナーに「ナイスパット！」と言われる。「ありがとう」と球を拾いあげる時の気持ち良さ。たまりません。「ボギーかな？」と思っていたのにパーセーブができた。顔が自然にほころびます。逆にいいショット、いいパットをしてもだれも何も言ってくれません。これ寂しいですね。

特に握ってるライバルは無視するんです。見てないふりしてね。そんな時は自分で言うんです「ナイスパー」と…。するとライバルが「もうちょっとで外れるとこやったやないか」とつぶやきました。やっぱり横目で見とるねん。

おせじにもほめるとこ無し帽子ほめ

一緒に回る人は災難です

上手な人はほめるところがいっぱいあります。下手な人でもその人なりにいいところがあるものです。ほめてあげると悪い気はしません。飛ばす人には「よく飛びますね」「プロ顔負けの距離が出ますね」とか言います。飛ばない人でも「きれいなスイングですね」「正確にフェアウエーをキープ、お見事です」と違うほめ方もあるでしょう。

正児画

ところが飛ばないわ、スイングは悪いわ、スコアはまとまらない。そのくせキャリアは古いから口うるさい。ぼやきたおす。こうなったら困ったもんです。ほめるところがないんです。一緒に回った人こそ災難です。「イヨオー、男前」と冗談を言おうにもブルドッグのような人だとシャレになりません。どこかいいところがないかいなあ…ありました。ありました。いいゴルフウエアを着ていました。もうこれしかありません。「すてきなゴルフウエアですね、私もこんなウエア買おう」とやっとほめるところを探しました。

この間一緒にプレーした人はそれにまだ輪をかけた人でした。ウエアもセンスの悪い派手な安っぽい服でした。ついに帽子をほめました。「かわいい帽子ですね。よくお似合いですよ」と言ったんです。すると「きょうは帽子を忘れてきましてね。ゴルフ場で忘れ物の古いやつを借りてきたんですよ」と横を向いたまま返事が返ってきました。口は災いのもと、沈黙は金なり。

スコアの計算したあと大叩き

“ここ一番”に弱いんです…

「きょうは調子がいいぞ。パーが続いた。久しぶりに30台が出るかもしれんぞ。ラストホールをパーで上がると39や」さあ、こうなるとプレッシャーです。今までいいリズムのゴルフをしてたのに力が入ってOBが出るんです。42を叩きました。スコアを計算すると必ずペースが乱れ大叩きをします。

最近しみじみと、ここ一番のプレッシャーに弱いことを痛感します。というのは足腰も弱く

なったんでしょうね。年ですわ。私は幼いころは自分だけは高校生以上、年をとるなんて考えられませんでした。それが今年は赤いチャンチャンコの還暦です。学生時代はスポーツマンだったのに、今はスポーツせんマンです。チャリンコで走り回っていますが、歩くのが面倒なのでチャリンコ生活ですから運動にはなりません。

そのツケが回って来ました。今、地下鉄の階段を上るのに70歳ぐらいのオバアさんに抜かれるんです。長い階段だと踊り場で一休みですわ。もう一度、夢の30台を出すために体力づくりの生活改善を計画しました。とにかく酒、酒を控える。飯も2杯でやめる。移動の乗り物の中では少しでも運動をする。この3つをやります。あすからやります。きょうはもう始まったのであすからやります。…あすは剣道部OBの飲み会があるか…。あさってからやろう。

覚えある前にもここで右の山

忘れられない成功の喜び

このコースは前に1回か2回、来たことがあるというだけで「スタートホールはOBが出やすい」とか「最終のロングは池越やけどパーが取りやすい」とか、よく覚えている方がいらっしゃいます。偉いですね。私はダメなんです。もう何十回も来ているコースなのにインの2ホール目、なんて言われてもすぐにそのコースが思い浮かばないんです。ティーグラウンドに立てば

分かりますがね。自分でアホかいなと思います。ほんまは賢いのにね…。

このロングはショートカットして山越えを狙えば2オンも可能というコースがあるとします。分かってるんですよ、無理をするなというのは…。しかし一度でも成功しているとまぐれの成功を自分の実力と勘違いしてしまうのです。

ゴルフ歴15年で100以上を叩こうと、女性歴35年で100回以上振られようと、男はロマンと可能性に賭けてチャレンジします。上原謙さんも歌舞伎の中村富十郎さんもそうです。70過ぎてから子供ができたではありませんか。トシは関係ない。ロマンに賭けてチャレンジしている者こそ本当の男です。

「おい待て。本当の男だというわりにはゴルフを始めたころより下手になっているなあ。ロマンと言うわりにはたいした女を連れて歩いてへんなあ」とか言わないでください。「スコアだけがゴルフじゃない。ベッピンだけが女じゃない」。

下手なのに必ず景品取る奴《やつ》ちゃ

出るともらえる豪華〝参加賞〟

世の中には運の強い人もいるものです。コンペの時には必ずいい景品に当たる人が…。

そりゃベスグロとか優勝とかでテレビやビデオデッキと言うのなら分かります。スコアは良くないのにハンディが出て上位入賞して豪華賞品をせしめる人がいるのです。そんな人が実力通り100以上叩いて28位になった時、その日が28日で当日賞のマウンテンバイクが当たったりするんです。そうかと思うと、めちゃめちゃ

叩いた時に限ってブービー賞のブランド物のバッグが当たるとかね。私の仲間にも一人おります。スコアは私とチョボチョボなのに彼は飛び賞か何かで豪華な賞品を取り、私は何もなし。参加賞だらけですわ。その参加賞すら、この間は「数が足らんようになったからスマン！」この一言で終わりです。

10年ほど前の話になりますが、私がゴルフに一番燃えていたころに100人ぐらいのコンペで優勝したことがありました。賞品はペアで海外旅行サイパンでした。ところが、私が仕事の関係で行けなくなったんです。主催者側の一人が「行けないのなら私が引き取りましょうか？」と言ってくれたのでお渡ししました。それっきりでした。そりゃあ確かに引き取ってはくれましたがね…。

自分より握ったあいつが気にかかる

「アホ!」「やった〜」手に汗〝握る〟舌戦

ゴルフをする時、ライバルとお金を賭けて勝負をしないでください。図書券ならいいです。

コンペでライバルと握る時に同じ組でプレーをするなら互いに口でプレッシャーをかけ合いして面白いですが、アウトとインに分れたとか、3組も4組も離れていると面白くありません。一緒に勝負してこそ相手の失敗を喜び、自分の

ナイスプレーに「どうだ、見たか！」と自慢する楽しさがあります。ゴルフは紳士のスポーツですから…。

一つ前の組に握ったライバルがいるというならまだいいです。お互いに相手のプレーがチラッチラッと見えますからね。ショートホールでパットせずにマークだけして後の組に打たす時があります。見られている方は辛いですね。グリーンの奥のネット裏でライバルが「失敗しろよ」とばかりに見つめています。

この時に自分がオナーの時はカッコいいですがビリケツの時は恥ずかしいです。「あいつ、前のホールでたくさん叩きよったな」と笑っている気がします。でもプレッシャーに負けずいいショットが出ました。「ナイスオン！」前の組の4人が拍手してくれました。ライバルはイヤイヤ手を叩いていています。「おーい、拍手が小さい、マナーが悪いぞー」と大声で怒鳴ってやりました。

前の組のライバルだけが自分のプレーが終わっても残って私のプレーを見ています。私はスリーパットしてボギーになりました。さっきの3倍ぐらいの大きな拍手をしてライバルは走って行きました。「アホ！」また私が怒鳴ります。やっぱりゴルフは紳士のスポーツですね。

小便の飛距離までもが奴に負け

〝前立腺線〟に異常あり!?

ゴルフも20代、30代の頃は上達も早いけど50を過ぎればノロノロです。ノロノロどころか衰えます。でも男の子ですねえ。飛距離だけは何とか伸ばそうと努力します。

「そうや。太ってるのがいかんのや。肥満はスタミナもなくす」と思い出したように減量します。食事制限です。早速、朝飯抜きのありきたり素人減量が始まりま

正児画

した。1週間するとほおが落ちてきます。下腹は出っ張ったままです。そのげっそりしたほおだけを見たヤツが「病気か？　糖尿ちゃうか。早めに医者に行き」とか「お笑いのタレントがやつれるとみじめで、ふっくらしてると明るくて笑いもとれる」なんて言います。

「そらそうや」とすぐ納得してまた、酒は飲むわ、飯は夜中にでも平気で食うわ、もとの生活です。完全にリバウンドして、もとの体重以上になりました。パターの第1打を失敗してオーバーに打ち、最初の時よりもっと長くなったみたいなもんです。水もガブガブとよく飲む。トイレの回数は多くなる。疲れやすい。そんな症状が出てきました。勢いのあったオシッコも飛ばなくなりました。子供の頃、オシッコの飛ばし合いでは誰にも負けなかったのに、今は誰にも勝てません。こんなことでは近く行われるコンペが思いやられます。いいハンディが出て優勝戦線に浮かび上がっているのに戦線に異常ありです。いや戦線は戦線でも〝前立腺線〟に異常ありです。

悟ったと言ってたすご腕それかいな

言い訳だけはプロ級

練習もせずに楽してゴルフがうまくなりたい。これは誰でも思うことですが、その練習ってやつをコースへ出てからやってる人もいます。

素振りが長い、グリップを握り直す、スタンスを決めるのに時間がかかる、打つのかと思うとまた仕切り直す。「ああでもない、こうでもない」とブツブツ言う。見ている者はイライラします。

「おい、打球場でやってこい。ここはコースやぞ」と言うと「アホ、打球場なんか行ったことないのにここでせなしゃあないわ」ときました。なるほど、それは理屈です。

逆に月々3万円の月謝を払ってプロに習っているまじめな方もいらっしゃいます。そんな人に限って、なかなかうまくなりません。その男が「腕を上げたぞ。ウロコが落ちた」と久しぶりに明るい笑顔でスタートホールに立っていました。

「インパクトの前後10センチを真っすぐ打つんや。これでいい球が打てるようになった」とその成果を披露するらしいんです。自称250ヤードのショットを…。

慎重に構えて思い切り振り抜きました。前方へ250ヤード飛ぶ予定のボールは前へ飛ばず、垂直にフワッと5メートルほど上がりました。ダルマ落としです。ポトンとレディースティーの後ろに落ちました。ティーの方が前に飛んでいます。

「おい、腕を上げたというのはそれか?」「そうや、打つ前に右腕を上げたやろ」。苦しい言い訳です。「目からウロコが落ちたのはどうなっとるねん?」「昨日コンタクトレンズを落としたんで、きょうはメガネをして来たやろ」。なかなか「ゴメン」を言わんやつでした。

どうも出身地が高知の後免らしいのです。

ゴルフ場に近い奴ほど遅く着き

早く来ればいいのに

今は携帯電話があるから便利になりました。ゴルフ場に向かう道で渋滞にひっかかっても「20分程度遅れます」と電話を1本入れておくと、スタートを遅らせたり順番を変えたりできますからスムーズに、ことが運びます。

昔は高速道路を走りながら、電話をしたくても降りるわけに行かず、はがゆい思いをした経験は誰でもあると思います。「他の3人は待ってるやろなあ」と気が気でなりません。「もう10分

か15分早く出たらよかった」と後悔しますが、だいたい早く来るヤツはいつも早く、遅く来るヤツはいつも時間ぎりぎりと相場が決まってます。それがゴルフ場に近いヤツほど遅いという困ったものです。

スタート時間直前にバタバタと飛び込んで、トイレもあわてて入り、オシッコも半分だけして、残尿感があるまま手も洗わずにスタートホールに入る。「ハアハア」荒い息を吐きながら、ドライバーを引っこ抜いて「さぁ、行こか」ではいいゴルフはできません。

ゴルフは紳士のスポーツですから優雅にゆったりと楽しみたいものです。1時間ぐらい前には到着し、世間話でもしながら着替えをし、レストランでコーヒーとゆで卵を注文、そしてトイレを済ませる。手をふく時に小さいタオルを汗ふき用に1枚ポケットに入れる（それをすな!）。そしてパターの練習をして状態をつかむ。準備運動を10分ほどして「さあ、きょうは自分で自分をほめてやれるようなゴルフをやろう」とニッコリ笑ってスタートしてください。

……やっぱり駄目でしたか？　そうでしょう。下手は下手ですわ。

泣きたいわ月一ゴルフに雨が降り

〝神様〟2人の威力はすごい

気のきつい女性は嫌ですねえ。金を出さんスポンサー、嫌いですわ。発音の悪い車内放送、これは分からんわ。いろいろ嫌なことや不愉快なことは、たくさんあります。

雨の日のゴルフ、これは悲しい。これほどつまらんことはありません。つまらんというより、情けないです。「月に1度のゴルフやのに何できょうだけ雨が降るねん」とグチが出ます。

「何か私が悪いことでもしたか？」（嫁にナイショ

でちょっとだけしてますがね）。「きょう1日ぐらい思い切り晴れて、あしたから大雨になったらええやないか」と自分勝手な恨みごとをいっています。

雨の日のゴルフの憂うつは山ほどあります。打つたびに傘をさしたりすぼめたり面倒です。カッパを着るとスイングがしにくい。ズボンのすそがビチャビチャになって足にまとわりつく。その上、ショットのたびに泥水がはね返る。グリーン上はボールが走らん。メガネの人は視界が悪くなる。そのためついつい早打ちになってしまってスコアはボロボロです。

先日、交通遺児へのチャリティーコンペがありました。天気予報は日本全国大荒れの雨です。でもプレー中は雨なし。野球の稲尾さんが終わってからのパーティの席で「私も神様、稲尾様と言われていました。その神様が来たのだから雨を止めました」と、あいさつしました。

その後で私も「私も〝お客さまは神様でございます〟で商売させていただきました。神に縁のある男です」と、しゃべりました。神様が2人現れたのです。

その時、外は雨音が激しくなりました。どしゃぶりの大雨です。ゴルフの時は霧雨程度で、パーティの始まる夕方5時近くになって本降りの大雨になったのです。

いやはや、まったく神様2人の威力はすごいもんですね。

村長の時だけピン傍ピッタンコ

あぁ悲しき〝村長さん〟

ラスベガス、オリンピック、村長さんピンポンパン、竿いち、ヘビなどゴルフにはいろいろ楽しいゲームがあります。この中で何がつらいってピン傍《そば》ピッタンコのナイスショットをして罰金を払わされるのは涙が出ます。村長さんです。

きょうは調子が悪く、パーオンなんて1度もありません。「相当負けるぞ」と暗いゴルフが続いていています。

茶店の手前のミドルホールに来ました。パーオンはなりませんでした。3打目でやっと乗り、ボギーオン。でも、そのアプローチがナイスショットでピン傍ピッタンコのOKパーです。今日はじめてのパーです。

これは嬉しい。「やったあ!」久しぶりに歓声をあげました。他の3人が拍手をしながらニヤニヤしています。嫌な雰囲気です。そうや、思い出しました。朝のスタートの時にコーヒーを飲みながら「茶店前のホールは村長さんしような、茶店の皆の代金を払う」と決めたことを…。

「まあ、ええわ。パーをとれたんやから」と伝票にサインしました。ビール2杯のヤツがいます。トマトジュースとビールをとって混ぜて飲み、おでんを食ってるヤツ。日本酒を飲んで「キャディさんにあげる分もつけとくよ」と自分が払ったみたいにキャディさんに渡してるヤツ…いろいろです。

「ヤクルトちょうだい」と私も注文しました。まさか「水!」とは言えないでしょう。それから後はボロボロです。乗っても端っこばかり、スリーパットの連続です。1度、屈辱のフォーパットがありました。

後にも先にもピン傍ピッタンコは村長さんだけ…そんなもんです、私の人生は。

ゴルフ道どうして俺だけ工事中

足を引っ張って逆転負け。還暦の今年実力伸びない!?

桜が散って山ツツジの咲く4月の終わりに、実業団チームと芸能人チームが対戦しました。

実業団チームは病院の理事長とプロダクションの社長です。芸能人チームは私レッツゴー正児と、もう1人は鳳啓助さんのお弟子さんで中年恐妻家タレントです。

実力的にはプロダクション社長T氏と私がチョボチョボで次に病院の理事長のH氏です。ビリは恐妻

家のK君なのですが、最近はうまくなったと聞いたので彼と組んで金持ち2人を懲らしめてやろうと挑戦状を叩きつけました。

朝のスタートから4ホールまでは、われわれの一方的な勝利です。なんぼ勝つのかなと喜んでいましたが、5ホール目から実業団チームの猛反撃にあいました。それでも午前中の勝負が終わった段階では、わずかながら芸能人チームが勝っていました。

ところが、午後のすべての勝負が終われば、芸能人チームはケチョンケチョンのボロ負けです。すべて私が足を引っ張っていました。還暦の今年なのに、まだ実力が伸びていると思っていた私のゴルフ道はどうなんでしょう？

しみじみ思いました。今まさしく工事中です。

飛ばんもんＯＢなんか怖くない

キャリーで200ヤード飛ぶようになったのに…ドライバーが泣いている

「このコースは右はセーフですが、左はあの松の木から向こうはＯＢです」キャディさんがコースの説明をしています。「あの左の松の木まで何ヤードあるのん?」「２００ヤードです」。

飛ばすヤツはアイアンを持ちました。ドローボールを打つヤツはクリークを握って、ちょっと左を向きます。そんな中でドライバーを持って振り回すヤツがいました。ナイスショットですがフック気味で左へ飛びました。

キャディさんが「フォアー」と叫んでいます。本人は「大丈夫、大丈夫」とニヤニヤしています。180ヤードほど飛んで松の木の前に止まりました。「良かったですね。もうちょっとでOBでしたよ」というキャディさんの言葉に、「いやいや、なんぼ飛んでも私は190ヤードです。絶対に200ヤードは飛びません」と自信を持って言っています。飛ばない人は大きな冒険もできませんが大きな失敗もありません。

私は最近ドライバーが飛ぶようになりました。道具が良くなったんですね。9万8000円のドライバーを雨の降る日にチャリンコに乗って、ナンバから肥後橋まで走って買ってきました。2万円値切って7万8千円にしてもらいました。そのドライバーのお陰で「キャリーで200ヤード飛ばないと池は越えませんよ」というのも狙うようになりました。なのにスコアが伸びません。アプローチが悪いんです。

この前も450ヤードのロングをあわや2オンというところまで持っていきながら、残り40ヤードを五つも叩いてダボ。飛ばんヤツに1ストローク差で負けました。「ボク、飛べへんもん。OB出えへんしね」と涼しい顔をされました。

7万8千円のドライバーがかわいそうです。雨にぬれて買いに行ったドライバーが今度は涙にぬれて泣いています。

ボールより私のティーはどこ行った

池ポチャしようものなら せめてティーだけでも…

ティーアップをして打つ時に使うティーにも好みがあります。ロングティーが好きな人、2段ティーが好きな人、プラスチック製が好きな人、木のティーでないといやな人、いろいろいます。

大と小をひもでつないでティーホークにつけている人（初心者に多いようです）これは失う心配がありません。

ティーがない時には苦労します。人に貸してくれ

とも言えず「タバコ1本ちょうだい」というような感じです。拾って使おうと思っても、ない時にはなかなか落ちていません。ゴルフ場によってはマスター室の前の箱に入れて置いてあるところがあります。うれしい限りです。

朝のスタート前にぐっとひとつかみしめてポケットに入れ、自分のバッグに放り込みます。そしてトイレへ行き、トイレ帰りにもうひとつかみ。「これで当分ティーは買わんですむ」とケチなヤツがいます。もちろん私です。買うと200円ぐらいするでしょう。

ショートティーは置いているところが少ないですね。貴重です。ショートホールで打った後、オンすればいいけど池ぽちゃでもしようものなら、せめてティーだけはと探します。

このティー探しも長時間やっていると格好悪いですね。友人に言ってやりました。「おい、ダイヤを落としたわけやなし、そんな時間をかけて探すなよ。ティーの一つや二つ」その返事は「今朝はまだコーヒーを飲んでへんねん。ティータイムや。」まだ探していました。

人生もゴルフもリカバリー下手なこと

イヤなことは忘れて楽しまなきゃ

ゴルフも2、3年でシングルになる人もいれば15年、20年たっても、いまだに初心者と変わらん人がいます。午前中は40の後半で回ってきても、昼からは50以上叩いて100を超える人が…。「ピンポーン、私でーす。レツゴー正児デース」

サラリーマンも一緒ですね。私の友人も、せいぜい頑張って定年間際

で課長補佐が精いっぱいの真面目な人ばかりです。そんな人は大阪・ミナミの新歌舞伎座裏の安い飲み屋で、焼酎でも飲みながらグチっててください。

出世する人は失敗してもリカバリーがうまい。あかん人は何とか失敗を取り返そうと焦るから、余計に深みにはまるんです。いやなことはポンと忘れて笑顔で次の段階へチャレンジしてください。尾を引かないで。

ゴルフ負けるのも辛いが、女逃げて行ったらそれも辛い。ゴルフも女も悪いとこ一杯ある。酒飲んで泣け、わしも一緒に泣いたる。まあ時間が解決する。

私のように人生を悟った諸君、ゴルフの上達はあきらめよう。会社での出世も無理や。会社で昼寝しよう。フェアウエーでチョロを出そう。一生ヒラで終わろう。嫁に苦労をかけよう。残り少ない人生を楽しんで生きていこう。

ゴルフならいつでも誘うてや、安いゴルフな。

空振りを素振りに見せて「さあ行くぞ！」

手の込んだごまかしせんでも…

こんなヤツがいました。空振りしているのに「今のは素振りや」というんです。素振りの時に振った後「あかん！」という声が出ますか？　さらに巧妙なのは、それから「さあ行くぞ」といかにもこれからが本番という顔をして一歩前へ出るんです。

一歩前ということは球に近づくのですから窮屈になりますよ。わずかしか出ませんが打ちにくいですよ。きっちりチョロしました。それなら空振りと変

わらへん。手の込んだごまかしせんでも「空振りデース」と笑顔で打てばいいのに。

また、こんな人もいました。ゴルフは始めてまだ2、3年の女性です。いま一番楽しい時です。たまに50が切れるのが嬉しくて仕方がないのです。8叩いても、10以上叩いても、あがってくると「8でした」とか「11でーす、すみません」と笑顔で答えます。

女性の人でたくさん叩く人は10以上だとはっきり覚えてない人が多いですよ。でも空振りの1打もちゃんと入れて正確に報告しています。

前者も後者もどちらもゴルフ友達です。私は密かに前者のごまかしの男性をバイキンマンと呼び後者の女性をアンパンマン…いやアンパンウーマンと呼んでいます。

心付け要らんと聞いてほっとする

プレーより難しい!? 支払いの駆け引き

コースを回っている時、茶店での一服も楽しみの一つです。スコアの良い悪いにかかわらず、かわいい女の子が「いらっしゃいませ」と笑顔で迎えてくれると「よし、次のホールから頑張るぞ」と元気が出ます。

ところが、年齢的にも定年に近いようなオバさんに、1週間も洗濯していないようなエプロンで手をふきながら「何しまんねん?」と上目づかい

でニラまれると「ああ、またＯＢや」の気持ちになります。

この売店の支払いもバカにならんですね。４人分でしょう。飲み物をおかわりする者もいれば、酒やビールでおでんを食べる物もいます。そのうえ、キャディさんへの心付けを1品か2品買いますから、誰が払うかで気をつかうことがあるんです。

売店は午前と午後と2回あるでしょう。後で４人で割れば問題はないのですが、どうしても気前のいい者がサインします。メンバーさんでも上司でも年上でも先輩でも払わん人はいつも払いません。金持ちでもサイン時はトイレへ行く者がいます。

４人のうち、どうしても私が払わないかんと判断して伝票を握ると「キャディさんへの心付けは結構ですよ」と言われてホッとするのは私ひとりでしょうか。「ああ、助かった」と声が出そうになった自分が恥ずかしくなりました。

プレー以外のこんなことで悩んでいる私のゴルフは、まあしばらく伸びんでしょう。

稽古せなあかん奴ほど稽古せん

ダイエットで6キロ減量や！　ゴルフも体形もスマートが一番

私のゴルフ友達10人に聞きました。「ゴルフの日、プレーが終わった後はどうしていますか？」

一杯飲み屋で反省会と自慢話で酒を飲む（10人中3人）

「お疲れさん」と妻の待つ家路へ急ぐ愛妻家（3人）

妻に近い人のところへ立ち寄る（これは1人）

「夜の仕事があるので」という店のオーナー（2人）最後の1人にバッグ担いで打球場へ行くというヤツがいました。けしからんヤツです。こんなヤツに限ってうまい。

私も17年のゴルフ人生の中でそんなときがありました（ほんの一瞬でしたがね）。頭の中はゴルフ一色でした。借金のことも漫才のネタのことも持病である口内炎のことも忘れ、そして好きな女のことも（これは時々思い出していましたが）。

夜、打球場のライトが消える寸前まで打っていました。行きつけの難波バッティングセンターが取り壊されて駐車場になってしまいました。そんなことを理由に練習せんようになりました。情熱が薄れたのでしょうか。

これではいかん。ゴルフを生涯の友とする万年青年が泣く。紅顔かれんが台なしや（誰や、厚顔というのは）。「また頑張るぞ」と決意しました。そのために今、ダイエット中です。稽古して運動して汗を流しています。医者に言われました。「身長160で体重80キロやろ、重すぎる。体重10キロ減らすか身長10センチ伸ばせ」。

ショートホール何で打とうとオンはオン

ブービー賞&ニアピン賞の快挙!?
ドライバーで120ヤード1オン

金沢の友人からある会社社長の快気祝いゴルフコンペに誘われました。前日にホリデイイン金沢で1泊し翌朝さわやかにスタートしました。成績は44・46だったのですがハンディが25でしたので運良く優勝です。

その時一緒に回ったのが主催者の社長夫人のトモコさんでした。初心者なのでたくさん叩いてましたが実にかわいいゴルフでした。

打つたびに右にチョロ、左にチョロでしたが「キャー」「ワァー」とにぎやかなゴルフです。彼女はどこのコンペに参加してもいつもメーカーでした。

この日はブービー賞でした。腕をあげました。40人ほどのコンペでしたが、83・85を叩いてブービー賞に恥じない立派なスコアで上がりました。ところが驚くなかれ、その日のニアピン賞も彼女が取ったのです。

120ヤードのショートホールでしたが、ちょっと砲台になっていてグリーンも小さく手前に大きなバンカーが口を開けています。彼女が打った球は手前に転がりました。

「あー、バンカーや！」と皆の叫ぶ声をしり目にボールはバンカーを通り抜け駆け上がりました。そしてコロコロコロと転がり、ピン横1メートルそこそこでピタリと止まりました。前の組のシングルさんが立てていたニアピンの旗の内側についています。「やったぁ！」本人より周りが大騒ぎです。彼女にとっては生まれて初めてのニアピンです。「本当？　本当に私が取ったの？」と信じられへん顔をしています。

「すごいなぁ、これはバーディーいけるで」と私が言ったのですが、もう一言付け足したのがいけなかった。「まさか、ここから4打も5打も叩かんやろ」ところが、きっちり4打叩いて5になりました。ちなみに120ヤードをオンした時の使用クラブはドライバーでした。

帰りたいスタートホールで2オービー

朝泣いて昼笑う…子供みたいな性格 10叩きリラックス!?

朝イチのショットがいいと、その日のゴルフは一日気分がいいです。

でも、スタートホールは体が硬くなっているので、腰や肩が回りません。そのうえ、ギャラリーが大勢見ているとあってプレッシャーがかかります。チョロが出ます。

チョロはまだいいです。ちょっとでも前へ進みますから。ＯＢはいけません。打ち直しで

2打罰です。「あーあー」とため息をついて打ち直したのが、また同じところに飛んでまたOB。二つもOBを出すと次は5打目です。「あいつにも負ける。こいつにも負ける」と握ったヤツの顔が浮かびます。

このホールはミドルホールですから、次のショットが奇跡的にオンして、そこからワンパットでもダボです。結局10も叩きました。スタートホールから2ケタの数字が並びます。帰りたい気持ちでいっぱいです。

穴があったら入りたい。いや穴に入るまで10も叩いたのです。「やめたいわ!」を連発しながら、重い足を引きずってハーフを上がってきました。スタートホールで10も叩いたから後はリラックスできたのか「47」で上がってきました。「良かったやないか。やっぱりゴルフはあきらめたらいかん」昼のビールのうまいこと。

子供のころ、泣いて欲しい物を買ってもらい、泣きやんだ時「今泣いた子供がモチ食うて笑うたあ!」と、はやされた記憶がよみがえってきました。朝のスタートでは泣いていたのに、昼はビールを飲んでニコニコしている自分に、子供みたいな単純な性格を知りました。

バックティ違うコースに立ったよう

景色が攻め方が気分が変わる同じコースでも新鮮

いつも行っている同じコースでも、行くたびに毎回感じが違います。風の強い日、雨の日、カンカン照りの日、それぞれ攻め方も変わってきます。

2年ほど前にサービスミドルでティーショットがエッジの近くまで行ったことがありました。そこからのアプローチが決まらずイーグル外しのバーディーで上がりました。悔しくて翌

日同じホールにチャレンジしてOBを2発出したうえバンカーに入れ、12も叩いた苦い思い出があります。

同じコースでもシングルさんに連れられ、バックから打つとまた新鮮です。景色が変わるからクラブが変わる。攻め方が変わる。気分が変わるから楽しいです。もちろん距離が長くなりますから、スコアは二つ三つ落ちますが、思いっきり攻めることもできます。スカッとします。

「ゴルフは女性へのアタックだ！」ともてる男性が良く言っていますが、その通りですね。

私、昨年はゴルフがダメでした。今年に入ってちょっと良くなってきました。日本の経済のように今が底、今が底、これから良くなると言いながら、いっこうに良くならなかったのに、少しだけ明るくなってきました。

その分、女性は関係下降線です。「女性も攻め方を変えよう。いつものフロントからの攻め方はやめてバックティーから行こう。ミナミの焼き鳥屋から北の新地のクラブにしよう。何かいいことあるぜ」といいながら、やっぱりミナミのいつもの安い焼酎を飲んでいました。いっこうに変わっていません。日本の経済と一緒です。

変わったところといえば、勘定の2千円を新2千円札で払ったことだけでした。

ブービーも3度目となりゃ実力者

人ができないことをするのは立派!!
私の還暦コンペでブービーの若社長、頑張れ!!

今から20年ぐらい前に高松のキャバレーによく出演していました。そのキャバレーのゴルフコンペが年に1回ありました。100人近い人が参加する大きなコンペでしたが、そのコンペで私は3年連続ブービー賞を取りました。

主催者の人が「立派なものです。例えブービーでも3回連続は今までにありません。人にできないことをやったあなたは実力者です。次回もブービーを取ってください」ほめてくださいました。でも、よく考えたら3年間ちっとも上達せん下手なやつということです。そのうちキャバレーはつぶれてしまい、4

回連続の偉業は夢と消えました。

先日、ライオンズカントリーで私の還暦ゴルフコンペをしました。140人もの人が参加してくださいました。

学生時代の同級生、剣道部の先輩、講演の仕事関係の人たち、そして金沢からは友人6人が車2台で明け方の4時に出発して駆けつけてくれました。これは嬉しかった。

しかし、何が嬉しいって祝儀を持って来てくれた人が2人いました。これが最高に嬉しかった。この祝儀をくれた人の1人が、この日のブービー賞でした。最近お父さんが亡くなり、その後を受け継いで頑張っている若社長です。

「次のコンペもブービーを狙ってください」とお願いすると、前田新作プロが顔を出して「次はダメですよ」若社長とこの日一緒に回ったのが前田プロでした。

「きょう私がコーチしましたから、これからは上位入賞狙いですよ」それだけ言ってトイレへ走って行きました。前田プロはおなかの調子が悪いのに参加してくれたのです。

途中何度もトイレへ飛び込みながらプレーし、若社長のコーチもしていたのです。それでもアンダーパーで回ってきて、さすがプロと感心しました。

前田プロがゲーリー・プレーヤーに見えました。

草投げて風向き確かめチョロを出す

カッコつけても上達しません

テレビでプロのゴルフ中継を見ていると、格好いいシーンがあります。ショットをする時に風向きを知ろうと、芝をつかんで投げていま す。正確な番手を選ぶためでしょう。

グリーンで芝を読む時、しゃがみ込んでパターを前にかざし、一方の目をつむっていま す。入るように見えますわ。

素人でマネするやつがいます。時間の無駄ですわ。芝をつかんで投げたのはええけれど、風

上に投げて顔が芝だらけ。目に入って涙を流しています。グリーンで芝目を読んだのはいいけど、スライスをフックと読んで逆に打ってしまい、余計に遠くなる—よくあることです。実力が伴わないからうまくいきません。無駄な時間がかかって周りが迷惑です。

私の場合は早いですね。「早打ちマック」と言われていますから「もう打ったんか？　いつの間に打ったんや」と、こんなんばっかりです。上手な人からは「正児君、もうちょっとゆっくり打つようになったらうまくなるのになあ」とよく言われます。

とにかく、せっかちです。タクシーに乗る時でも乗る前にお金を握っているぐらいです。性格ですから直りません。

昔から浪曲でも〽バカは死ななきゃ…と言われています。ですから私がゴルフがうまくなるのは死んでからでしょう。

すると、私のゴルフはピカソやゴッホの絵みたいなものですね。死んでから値打ちが出てくるんですよ。ワッハッハッハ。

雨よ降れ今夜思い切り明日晴れろ

ゴルフ場そして私のために神様お願い

今年の夏は暑かった。それに雨が降らなんだ。特に大阪はカンカン照りばかりやった。そのうえ仕事が暇やった。

人の懐具合も知らんと、アホなゴルフ友達が「ゴルフ行こう」と誘いに来よる。左手のひじがけんしょう炎みたいになって、ビールのジョッキが持てんくらい痛いのに好きなゴルフや、行かなしゃあない。やっと治りかけたのにまた傷めていつまでも治らん。

けど暑いのには、まいった。二枚目が黒うなったらいかんと、日焼け止めのクリームを志村けんのバカ殿みたいに塗りたくってやったけど、やっぱり焼けた。

キャディさんの持っているポットの麦茶をガブガブ飲んで頑張ったけど、汗でグショグショや。休憩時間に、パンツからくつ下、短パンまで着替えても、またぐっしょりや。濡れた衣類の重いこと。

ゴルフ場の人は、雨が少ないから泣いているやろなあ。ひと雨が何百万円の値打ちがあるとか。でもゴルファーには天気がいいのが何よりです。ゴルフの前日、天気予報で「今夜半より雨が降り出して、明日の午前中は雨が残るでしょう」と言おうものなら神様にお祈りします。

「降るのやったら今夜のうちに思い切り降って、明日はやんでちょうだい。どうしても降りたかったらゴルフが終わったころ、明日の夕方にでも思いきり降ってちょうだい」都合のいいお願いをしました。

私って勝手な人間なのでしょうか。

わがスコア飲み屋のママが知っており

ほめて慰め夢のまた夢…

ゴルフが終わって、バッグを担いだまま、なじみの暖簾《のれん》をくぐる。「お帰りなさい。暑かったでしょう」と年の頃なら40前後、色が白くて美人で和服の似合うママが割ぽう着姿で冷たいおしぼりを出してくれる。「いかがでしたか、きょうは?」と言いながら、私の上着をハンガーに掛けてくれます。

ゴルフの第一報は暖簾のママにします。私のスコアをいつも気にしてくれています。

黙って差し出した私のスコアを見て「バー

ディーを三つも取ったのですか。お上手になられましたね」ときっちりほめる言葉も忘れません。スコアの悪い時は「楽しく遊べただけでもいいじゃないですか。悪いOBを追っ払うために乾杯しましょう」と慰め、元気づけてくれます。

こんなんだったら、いいでしょうなぁ。現実は全然違いますわ。

ゴルフ場で飲むのは高くつくので、ナンバの安い居酒屋ですわ。頭の薄いおじさんと、男か女か分からんブッチャーみたいなお母さんのいる、8人で満員の店です。いも焼酎をしこたま飲んで家へ帰るのは日付が変わってからです。

短パン姿で前掛けをしてソファで寝ていた嫁がうっすらと目を開けて「ゴルフが終わってどこをウロウロしてたのん。ナイターのゴルフやったんか。あーあ、また洗濯物をぎょうさん持って帰ってきて。ようけ着替えを持って行ってたんやなあ。ええっ？　汗をかいたから休憩の時に着替えた？　余計なことせんでもええがな。そのまま着てたら、体温と太陽で乾くがな。濡れた衣類は重たいなあ。それに汗くさいから、つかむのも気色悪いわ。火バシか何かつかむ物ないのん？　あれまあ、靴下も芝だらけや。この芝を取るのん面倒くさいねん。そや、この靴下は捨ててしまお」

（まあ、30年も嫁をやっているからでしょうけどもね）

これ儂《わし》かビデオの自分のどんくささ

見てア然…心は〝ゴルフボール〟に穴があったら入りたい

人間、他人のことはよく分かるけど、自分のことは分からんもんです。

「悪いフォームやなぁ。スイングが速いわ。もっとゆっくり振らないかん。力が入り過ぎてるわ。あーあ、フォロースルーが全然とれとらん」と悪口は山ほど言えます。

この前、あるコンペに参加した時に自分の知らないうちにビデオカメラが回っていました。あとで見

せてもらいました。自分はそれ以上に悪いのです。今まで人に偉そうなことをよう言ってたもんやと、恥ずかしくなりました。

ゴルフボールと一緒です。(穴があったら入りたい)。自分のゴルフをしているビデオを見るのはいやですね。

漫才のビデオはよく見ます。「うまいもんや。名人や」とほめてやります。自分の芸にほれているんです。人の漫才は見ません。嫌いです。「レッツゴー三匹」よりもうまいし、笑いも多いから…。自分の漫才が大好きです。まあ、こう思わんとあんなアホなことやれんわな。

自分の漫才のビデオは好きなのに、ゴルフのビデオは大嫌いです…下手クソやから。ハハハ、勝手なもんです。ゴルフは上手になりたいくせに、研究もしなければ練習もせんのです。

でもゴルフが大好きです。ゴルフだけではありません。お酒も好きです。女性も好きです。麻雀も好きです。たくさんある好きなものの中で本当に何が好きかと聞かれると、きざなようですが仕事が一番好きです。

漫才をして人に笑っていただく。講演を聞いて喜んでいただく。定年のない今の自分の仕事に心から感謝しています。

ああでもないこうでもないより早く打て

〝待ちチョロ〟でさらにイライラ…
力みすぎて空回り…
漫才でもチョロやってしもた

ゴルフを始めたころは、先輩に「とにかく打ったらクラブ2、3本持って山の上へ走っていけ！」と言われました。ぐずぐずして皆に迷惑をかけるなということです。

最近はマナーを守らないスロープレーヤーが増えました。プレーが遅いから後が追いついて詰まってしまう。それでものんびりしているから1ホール完全に空いています。グリーン上でもライを前から見る、後ろへ回る…そして、

座ったり立ったりと4人とも同じようなことをしています。

思わず「早う打てよ！」と言いたくなります。時間をかけているのに方向違いのところへ打っています。「それみてみい」と後ろの組全員が言っています。そんな後で打った私は、きっちりチョロでした。待ちチョロとはよくいったものです。

漫才でも舞台の袖で次の出番を待っていて前の組の漫才が受けない時がよくあります。客が笑わんと焦って長くなります。何とか笑いをとろうとするのですがますます白けてきます。

「おい、早いとこ降りてこい。あとは任せとけ」と小声で言ってやります。そのあと勢いよく飛び出したわれわれも、力みすぎて空回りしました。自分も受けません。すべりました。漫才のチョロもあるんですね。

いいクラブ値段に驚きまた来ます

ゴルフも新地のクラブも一緒!?

新聞やチラシに「ゴルフクラブ大バーゲン！」なんて出ていると、ついつい見に行きたくなります。行ってみると限定販売やらで「あれはもう売り切れました」ということがよくあるんです。でも「せっかく来たから見て行こか」となって、要らんものまで買ってしまいます。そこがつけめです。

それでもたまには掘り出し物に当たることもあります。(気に入った。打ちやすいクラブや。顔もええ、グリップもシャフトのしなりもちょうどええ具合や。気に入った)

値段は1万5000円。安い。気に入った。店員が「社長さん、目が肥えてらっしゃる（誰でも社長さんや）。このクラブは今一番の人気です。きょうも8本売れました。買った人は皆さん、距離が伸びた、スコアが良うなったと言うてはります」

この言葉を信用するんです。後で考えると、買った人が皆この店へいちいち報告に来るかぁと思うんですが、そこは流れで納得します。「そら7万5千円はお買い得ですよ」「何！　7万5千円？」

1万5千円と違うのんと思ったものの、そこは何気なく値段を見直します。なるほど、1万5千円の1だとばかり思っていたのは、1の上が横に曲がっていて7です。7万5千円に間違いありません。

「ウーン、これもええけどなあ。もうちょっと他のものも見てみるわ」と苦肉の策でその場を離れます。要らんシューズやバッグを見ます。そして、その店員が見えなくなったので「今のうちや」と出ようとすると、出口のところに立っているのです。目が合いました。「用事を思い出したので、また来るわ」と愛想笑いをして店を出ました。

そらそうや、あんないいクラブが1万5千円であるわけがない。ええもんは高い。場末の安い飲み屋にべっぴんさんがいるわけがない。べっぴんがいるのは大阪・キタ新地のクラブやと思いました。ゴルフのクラブも新地のクラブも一緒になってしまいました。

念のため言うてるけれどアウトやろ

勝負運の悪さは誰にも負けん

世の中には運の強い人がいますねぇ、勝負運が…。私は運が悪いことにかけては誰にも負けません。

競馬で穴を買うと本命が来ます。ガチガチの本命、銀行レース（近ごろは銀行も危ないですが）で本命を買うと見事に穴が来ます。高校野球で優勝当てをやると、私の選んだ高校は必ず緒戦で敗退します。私は疫病神なのでしょうか。

最近はその疫病神、運の悪さがゴルフの方へも回ってきました。

小型自動車が優勝賞品だというゴルフコンペに参

加しました。スタートボールのドライバーが会心のショットでした。フェードボールが持ち球の私が珍しくストレートのナイスショットでした。230ヤードは飛んだでしょうか。いい手応えでした。ところが、風が強かったのとボールが高く上がったのとで風に流されフェードボールになりました。「早く落ちろ、落ちろ」と思っていても当たりがいいからなかなか落ちません。危ないぞ、右はOBの林や、それ以上右へ行くな。ポトン！　やっと落ちました。

「良かった。OBくいの手前や」と喜んだ瞬間、ポンとボールは跳ねました。「あれ、キックして見えなくなった。OBと違うか？」不安がよぎります。

「たぶんセーフだと思いますが、キックが悪いとOBかもしれません。念のためもう1球打っておいてください」この言葉でもうダメです。今までに「念のため」というこんなシーンに何度も遭遇しています。90％アウトです。

ですから、この「念のため」という言葉は、私にとっては禁句です。「アウト」です。小型自動車が向こうの方へ走って消えて行きました。

「ええねん、ボクは車の免許を持ってへんから、車は欲しないねん」と帰りには靴下セットを持って帰りました。

「ボクは靴下セットが欲しかったんや」。

「多忙でね」言うてたあいつがゴルフ場に

友達を裏切るな!!
壁に耳あり〝正児〟に目ありや
お互い初めてのコース、偶然とは恐ろしい

ゴルフはメンバー集めで苦労することがあります。3人揃ったけど残りあと1人、誰を誘おうかと迷いました。そうや鳥井を誘おう。あいつやったら自分が社長やし、自由がきく。名前も鳥井だけあってカモや。

ところが、そのカモに逃げられました。「今うちの会社は忙しいねん。それにあすは会議があるからあかん」と断られました。われわれと行くと小遣いを取られる

のがつらい。同じ取られるのやったら女に使った方がましやと、トラフグみたいな女を白雪姫と思っている男です。

仕方がないので病み上がりの男を無理やり誘って4人そろえました。「たまには違うところへ行こう」と朝早く出て遠出をしました。

初めてのコースでしたが皆でワイワイと楽しく回りました。ジョイントで隣のコースの横を通りました。どこかで見た顔の男がいます。

鳥井や！　何で鳥井がここにおるねん。きょうは会議と違うんか。ゴルフにきとるぞ。しかも女連れや。あれ？　女はいつものトラフグと違う、金魚みたいな女や。赤いべべ着て口をパクパクさせとる。

大きな声をかけました。「おい、ゴルフ場で会議あったんか」鳥井はびっくりしました。まさか同じゴルフ場で会うなんて「何でここが分かったん?」

お互いに初めてのコースです。偶然とは恐ろしい。私は当然みたいな顔で言いました。

「友達は裏切るな。壁に耳あり障子（正児）に目ありや」。

結果オーライこのオーライが駄目にする

パターでバンカー脱出したのはいいけど…

私はバンカーショットが苦手です。バンカーが好きやという人は少ないと思います。ダフって何度もザックリやっている人、トップしてホームランになった人…皆、経験があるのと違いますか。

ゴルフをやり始めたころはバンカーの中で何度も叩きました。ある時期はやけになってパターを持って思い切りバチンとやると、バンカーの土手に当たって球が飛び出しピンそばに寄りました。結果オーライです。

これがいけません。クセになりました。バンカーに入ると必ず「パター！」と言ってキャディさんを驚かせました。

半信半疑でパターを差し出すキャディさんや同伴者の見守る中を一発で出すのです。皆が「ワァー」と言って拍手かっさいです。ムスッとすましてバンカーから上がってきますが、スポットライトを浴びている気分です。

人によっては雨の後の砂の硬い時や、アゴがなくて地面と平行しているバンカーの時はパターで出す人もいますが、私の場合は砂が軟らかくても、少々アゴが高くてもパター一点張りです。

当てるバンカーの土手の個所と力の具合で不思議と一発で出ました。最初の結果オーライのパターショットがサンドウエッジをを不用にしました。

練習せんからサンドがうまくなるわけがない。そうなると、背の高さほどもあるアリソンバンカーに入ると、もうダメです。というて後ろへ出すのも、アンプレアブルを宣言するのも嫌ですから3打も4打も叩きます。そのホールは9とか10とかいう数字になります。

結果オーライが生んだ悲劇です。結果オーライはその時はいいですが、長い目で見るとよくありません。女性関係でも…。

いやいや女性関係の場合の結果オーライは一度もありません。「結果アウト」の連続です。

いい人ね言われていつもカモになり

1杯のコーヒーが何杯分にも

ゴルフとマージャンはその人の性格が出ます。豪快そうに見えるあの人が意外と小心で細かいとか、神経質でうるさそうな人が、何と明るいプレーヤーだったなんて驚きます。

ゴルフやマージャンで親交が深まるのはいいのですが、この人とは2度とやりたくないと思われると悲しいものです。

私は一見、とっつきにくく見えます。第一印象が悪いものですから、それで随分損をしています。し

かし実際は終わってみると「ええ男やないか」「ほれ直したわ」とよく言われます。(誰も言うてへん、自分で言うてまわるな)

私は早打ちです。せっかちです。これは直りません。「もう少しゆっくりプレーしたらいいのに…」と自分でも思います。これは私の永遠のテーマです。でもスロープレーで皆に迷惑をかけてイライラさせるよりテキパキと行動した方がいいだろうと自分で自分を慰めています。

「いい人や」「楽しいプレーをする人や」と皆さんに喜んでいただくのはいいのですが、朝のスタート前に大勢の皆さんと握手をするものですから、1杯のコーヒー代が何杯分ものコーヒー代にもなってしまいます。

「お疲れさま」「ありがとうございました」さあ、きょうのプレーは終わった。あとはゆっくりと風呂へ入って冷たいビールを1杯。あっそうや、小銭に両替しとかないかんなぁ。私はいい人やから。

ＯＢをサラリと忘れる粋な奴

負けていても明るかった柳田投手

「ゴルフはリズムです。特にパターはリズムが大切ですよ」と杉原輝雄プロがよく言っていました。ひとことに「リズム」と言われても、われわれにはなかなか感じがつかめません。ただプラス思考でやりたいですね。

「無理と違うかな？」とか「ＯＢになるのと違うかな？」など、恐る恐るやると結果は良くありません。いいイメージでゆったりやった時は楽しいゴルフになります。

ずいぶん昔の話になりますが、20年ぐらい前に近鉄の柳田豊という投手がいました。彼のゴルフは明るく実に楽しいものでした。

そのころは、私もやり始めた時でしたから、あまりうまくはなかったのですが彼もチョボチョボでした。元野球選手ですから飛びますわ。でもOBが多いんです。

OBを出してもくじけません。やけになって顔に出す人がいるでしょう。彼は笑顔です。くさりません。嫌な顔ひとつせずに「柳田もう一度打ちます。次はグッドですよ」と明るく打ち直しです。バンカーに入っても「バンカーは得意です。1発で出しまーす」と言って3回も叩いているのです。「どうです。乗ったでしょ。パターは1発で入ります。プロ級の腕前です」と言ってスリーパットしていました。

上がっても「8でした」とか「11も叩いてしまいました」とか言って、明るく報告してくれます。そして「次はバーディーを狙うぞ」と一番先頭を足取りも軽く歩いていきます。

勝っている私より、負けている彼の方が明るいんです。彼の笑顔がすてきでした。顔はいかついですよ。鬼がわらみたいな顔ですよ。私の方が男前に見えました。もう一度、ゴルフのお手合わせをしてみたい友人の1人です。

今九州で漁師をしているとか…。

ミス出してボールに止まれと無理言うな

女とゴルフと…言うこときかん

ドライバーショットの良い日はアイアンが悪い、アイアンが良ければパットが悪いーと、われわれのゴルフは、みんな良い日はめったにありません。午前中は絶好調やったのに昼からはボロボロという日もよくあります。

風の日は幸いですね。ショットが天ぷらでフワッと上がった時なんかは、距離が出ません。ボールが空中でバックしてくるんです。風の方向でOBの方に流されると「早く落ちろ、落ちろ」と、ついついボールに声をかけてしまいます。

ようし、それなら次は低いボールを打ってやろうと無理をすると、トップしてバンカーの方へ行ってしまいました。「あかん！　止まれ、止まれ！」と大声で叫んでいます。バンカーの中でやっと止まったボールに「アホ、根性なし」と、しかっていました。

それを見て「ハッハッハ…」と笑っていた友人が今度は、グリーン上で「止まれ、止まれ」と大声を出していました。やかましいんです、われわれのゴルフは…。

やかましく言っても、思うようにならんのが女とゴルフです。それで苦労するから、人生は楽しく、味があるんです。私の場合、苦労しすぎる感もありますが。

キャディなら前はベスグロうちメーカー

前の組がうらやましい…タメ息

いいキャディさんにあたるとゴルフは楽しいですね。明るくて、愛想がよくて、よく動いてくれ、コースをよく知っていて、みんなに公平に接してくれる。それで美人だと最高のキャディさんです。いわばベスグロですわ。

ところが、うちに付いたキャディさんはどっこいその反対でした。メーカー賞ものでした。動かんわ、モタモタしてる、ボールは見てへん、他人のクラブを持ってくる、番手を間違える、「これで打ち」と勝手に番手

を決める。

年がいっているから自分の都合のええことしか聞こえへん、いらんことベラベラしゃべる、売店へ入ろうとすると後ろから「私はビールがいいよ」と勝手に自分の好みを言う。まあ、どうしようもないキャディさんでした。そのうえ、容姿もいまいちでしたから、プレーヤー４人とも元気がありません。キャディ不足のしわ寄せがここにもきていました。

「午前中は辛抱しよう。午後のキャディに期待しよう」と食事を終わって出てくると、また同じ顔が現れました。「昼からもよろしくね」とニッコリ笑われて、きょうは〝さんりんぼう〟やということに初めて気が付きました。

前の組は、工藤静香みたいなかわいい子なのに、なんでうちのはこんなオバさんなんやろとため息をつくと、キャディも同じようにため息をついています。「正児さん、前の組は若い男前ばっかりですわ。キムタクみたいな格好いい人もいますよ」とうらやましげに言いよりました。

その前の組を見てみますと、何のことはない、キムチのタクアンみたいなキムタクでした。

天敵が卵生んだぞラフの中

〝天敵〟はこりごり…心身くたくた…病院で「点滴打ちます？」

正児画

世の中には天敵というものがいます。宿命的に外敵となっている生物がいるものです。

カエルが虫を食う時、それは虫にとってカエルは天敵です。そのカエルもヘビが天敵です。ヘビもマングースが天敵です。こいつだけにはやられたくないと思ってもやられるんです。

ゴルフ仲間にも天敵はいます。いい言葉でいえば「永久スクラッチ」ですが、いつもむしり取られていますから天敵でしょう。それが自分の調子が悪くて明らかに実力の差が出た時はあきらめもつきますが、1打差か2打差で負けた時はつらい。それも納得のできない負け方には腹が立つ。

私のナイスショットのボールが何でないねん。ラフもそんなに深くない。この松の木の近くに来たのに、それがない。結局ロストで元の位置に戻って一打付加です。すると天敵も次のホールでロストを出しました。

「しめしめ」と思っていると「あった、あった」と指をさしとる。ほんまかいな。そっちの方へ行ったたか？　もっと手前やったぞと思ってもそれは言えません。ポケットに穴が空いてたのと違うのん。

「これから天敵がボールを探しに行く時は、ポケットの中とボールの番号も調べておかないかん」と醜い闘争心が起きます。ボール探しに走り、山へ登ったり谷底から打ったりしてロッククライミングみたいなゴルフになりました。

天敵にはやられるし、体はくたくた。帰りに行きつけの医者に寄り、疲労回復のビタミン注射を打ってもらうことにしました。

医者が弱っている私の顔を見て「点滴しますか？」と聞きましたが「天敵はもうこりごりです」と私が答えたという、とって引っつけたようなオチですみません。

「もういいわ」「これで打つわ」と山の上

何事もずぼらしたらいかん

ここではこのクラブしかないという時があります。まだ２００ヤードほどあるけど前の木がじゃまになるから８番アイアンで出すだけにしようとか、バンカーの中やけど砂が高いのとアゴがないのでパターで打とうとか、クラブはまめに臨機応変に替えなければいけません。

　ボールがどこへ行ったか分からん。探して探してやっと見つかったのが山の上です。１４０ヤードほどなので「７番アイアン！」と言うと、持ってきてくれた

のが3番アイアンです。

「7番言うたのに…」と言おうと思ったけど、年取った太ったキャディさんが息を切らせて走って持ってきてくれたのです。「いいわ、いいわ。これで打っとく」これがいけません。短めに持って軽く打っとこうと慣れんことをするとトップしてチョロです。ガクンとして、ヤケになってトリプルです。キャディさんに悪けりゃ自分で取りに行けばいいのに、ずぼらしたのが原因です。

日本酒が好きな人は小料理屋です。肉の好きな人はステーキハウスです。焼酎が好きな人にショットバーは似合いません。ブランデーやバーボン、ハーフ&ハーフは居酒屋では無理です。その場に合うものがあります。ゴルフも女性も…ずぼらしたらいかん。自分に一番合ったものがしっくりいくのです。

ゴルフは失敗したけれど、酒と女性ではしくじらんようにしょうーっと。

敵を知り己を知って握りせず

「勝つため」じゃないけれど…

昨年までハンディをあげていた人と今年はスクラッチです。3つもらっていた人とは5つもらっても勝てません。下手になりました、ゴルフが…。道具が良くなりボールも良くなりました。たくさん種類があって、飛んで止まるというのもあります。ゴルフ場もカートのところが多くなりました。何もかも良くなっているのに、スコアだけが悪くなりました。

練習もせんようになったけど、根気もなくなりました。すぐ「もうええわ」の気になってしまいます。

朝のスタート前のティータイムで相手の近況を聞くと、とてもじゃないが、こりゃ勝てんと思いました。

勝つためにゴルフをする訳じゃないですよ。いい勝負をするために頑張りますが、最近は己を知りました。いや知りすぎました。

やっぱり負けました。ゴルフが終わってみんなに負け今日はちょっとだけ高いプレー費になりました。パンパンパンとみんなの前で手を叩いて「きょうはこれぐらいで堪忍しといたるわ」と帰ってきました。

どん尻の俺がブービー支えてる

スコアは勝ったが順位は負けた

「不景気」と「寒い冬」のためゴルフ場はガラーでした。「今年になってもう4回もクローズがありました」と支配人が嘆いていました。われわれが行った時も「いつでもスタートできますよ」と言ってくれましたが地面が凍っているのでのんびりとコーヒーを飲んでスタートを30分遅らしました。11人、3組の小さなコンペです。それでもティーグラウンドはカチカチなので午前中は全ホール、重りのついた穴開け器でトンと突っつい

てからティーアップします。

私はスタートホールからOBを2発出して「10」も叩いていました。ハーフが終わると「52」です。

「また50をこえてしまった」ガックリです。昼食は熱いフカヒレラーメンで体を温めて気分転換、体調を整えます。好きなアルコールもビールをコップ半分でやめて午後に備えました。

「慎重に、そして諦めずに…」と自分に言い聞かせましたが傷ついた獅子に王者の風格は無く「47」が精いっぱいでした。「100」は切りましたが「99」です。「Wペリアの運があるさ」の望みも運は悪い方に転がります。最下位のドンジリです。

ライバルのA君は私より二つ多く叩きました。なのに順位は私より上です。ブービー賞（ペアでホテルの食事券）をもらって喜んでいます。その食事券で女を連れて食事に行って家でもめたらええねん。下手なくせに運だけで賞を取った人に捧げるの川柳です。

その百円俺のマークや取るなバカ

スコアよりティーマーク集め

私はグリーン上でマークするあの画鋲みたいなティーマークにこだわりがあります。赤や緑や黒は使いません。白とか黄色が好きです。芝の色と対称的ではっきり分かります。ボールが上を通過しても抵抗感のない薄いやつがいいですね。

ネクタイピンや、バッチ、特にピンバッチで薄くて重いのがあると自分で加工して作ります。今も何十個も持っていますが気に入っているのは一つもありません。地方に行っても空港の売店なん

かでは地方の物産品など見ないでピンバッチばかり探しています。安くて手頃なやつを…。

プロの人でもコインを使う人がいますが、つかみやすいですから私も時々使います。500円玉は大きい、1円は軽すぎて芝に浮く。小さくて重い、50円玉か100円玉がいいですね。そのマークした100円玉を持って行くやつがいるのです。「あれ、こんなとこに100円が落ちてるわ、儲かった」とポケットへ入れるやつが、反対側からライを見ようとピンの向こう側へ行くと置いたはずの100円玉がありません。「おーい、誰か俺のマークの100円玉知らんか?」と大声を出しますと「すまん、すまん」と自分のポケットの底から出して来るセコイやつがおりました。やっぱりコインより自分だけのこだわりのティーマークがいいですね。いっときは日本中のゴルフ場のティーマークを集めにかかっていました。そんな時に「ティーマークより、もうちょっとスコアアップにこだわったら」と言われて収集をやめました。

昨日、腰今日は腕へと痛み増え

「もうハーフしよう」についつい…

1月や2月の寒い日はゴルフへ行くのが面倒になります。財布の中身も正月の後なので出て行くのが面倒になっています。回数が減りますわな。4月まで冬眠です。

今やヘビやクマです。リスやコウモリです。ハリネズミや山ネズミです（ようけ言うな、一匹言うたら分かる）。…と言うものの休みの日で天気が良かったり気温が上がるとついつい行きたくなります。久しぶりに行く時は練習不足と寄る年波もあって体が言うこと聞き

ません。カートの時はましですが、歩いて回るとワンラウンドで疲れます。

でも後の3人が「せっかく来たんや、天気もええしもうハーフしよう」と言われると行かなしゃあない。つらいホームのプラットホームです。終わると風呂の中でドテッとしてポケッとしています。ふくらはぎが痛くなって来ました。山の中を走り回り過ぎや。これが明日になると太ももやヒザや腰が痛くなってくるのです。

寒いのにワンハーフを回ったバチです。私ね、カレーライスやハンバーグを食べると後からゲップがくるんです。食べたらあかんのにうまいもんやからついつい食べてやっぱりゲップが来ました。体は正直です。ゴルフもワンハーフもそうです。疲れるぞ。疲れるぞと言いながら無理して回って「あーしんど、もうワンハーフは回らんぞ」と後悔している駄目な私です。

「カレーライスはやめよう」「ハンバーグは食べへんぞ」「ワンハーフは回らんぞ」。

桜咲く冬の紀州路スコア散る

楽しかったプレーの後は…

今回の川柳はきれいな川柳ですなぁ。

2月の半ばなのに桜が咲いていました。それも満開でした。紀州路白浜の彼岸桜は赤く、すぐ横の白い梅と並んでペアで風にゆれていました。広々とした太平洋沖を行くタンカーや島々の周りを帆をなびかせて走るヨットの輝きが何もかも忘れさせてくれました。今月の保険料、電話料金の振り込みや税務署への申告。延滞料金を待ってもらっていること。20日には払わないといかん毎月

の借金。夕べ麻雀で大負けしたこと。すべてを離れてゴルフに専念しました。久しぶりの1泊で2プレーのゴルフ旅行は2日間とも晴天でポカポカ陽気でした。最高の幸せでしたが、4人ともスコアは悪く次元の低い戦いでした。勝負は2日間で全員引き分けという円満な結果で終わりました。

「あー楽しかった」2日はあっという間に終わりました。帰りの車に乗りました。1人が運転、2人は寝る。私は静かに思いを巡らします。保険料、電話料金、税務署、延滞料金、借金が走馬灯のように浮かんできました。

シングルがひとり入って座がしらけ

後ろの組やのに、よお知っとるわ!!

ゴルフが終わって風呂の中とかレストランでビールを飲みながらのゴルフ談義はそれぞれがタラ、レバの勝手なことを言っています。タラ、レバだけならいいのですが、サバを読む人もいます。

「おれがパットしている時に後ろでクシャミするな、あのクシャミで4パットしてしもたぞ」「おまえこそおれの前歩いている時にプッ、プッとオナラをするな、風下におる者の身になれ。あれからショットが乱れてOB出したやないか」と自分の腕

の悪さを人のせいにします。100以上を平気で叩く人間ばかりの組でしたから次元の低いたわいもない話でワイワイ言っています。そんな席へ後ろの組の上手な人が顔を出しました。

「5ホール目のセカンドショットは見事でしたね」と誉めてはくれるのですが、打った本人がどのホールが5ホール目やったのか、どんなショットをしたのか終わった後では分かりません。

「バンカーの上の松の木の根元から打ったやつですよ、あれは8番アイアンくらいでしたか?」よおー知っとるわ、後ろの組やのに番手まで分かるのかと感心しました。「シングルですか?」「ハンディ3です」一瞬シーンとなりました。下手クソ4人が顔を見合わせました。「クリスマスやぞ」4人がささやきます。クリスマスと言うのはシングルベルのシャレです。「シングルベルですなあ」と言うと今度はハンディ3の人がシーンとなりました。きょうはいろんな場面でシーンとなる日です。まあいいじゃありませんか、いろんな場面の「場面」はシーンと言いますからね…。今度は読者の皆さんがシーンとなりましたか。

「ええやつや」ゴルフ漫画に涙ぐむ

次回が楽しみや…

週刊誌だけは滅多に買わんケチな私が最近2冊も買うようになりました。ゴルフ漫画にはまっています。一つは「黄金のラフ」という漫画でプロを目指す底抜けに明るい飛ばし屋の草太少年が仲間のキャディやコーチとともにプロテストに頑張る話。もう一つは「風の大地」という劇画のような漫画です。

これが泣かせるんです。若手の沖田プロが悪徳アマのシングルに難題をふっかけられ雨の中で2対2のフォアサムで対決する物語です。500万円とい

う金が絡みますがプロの心意気と情熱がほとばしる男のロマンです。雨の中に水没した沖田プロのボール、当然ドロップアップできるのにワルは「駄目だ、そのまま打て」と言う。そのボールを沖田はスプーンで打ち抜きます。チョロであって当然なのに昔、バンカーの中で半分以上砂に埋まったボールを打った時を思い出し、それを見事にグリーン近くまで飛ばします。そのあとワルのボールも水没します。「これは水の中だ、ドロップだ」と自分だけ都合のいいことを言います。沖田は「私も打ちました、あなたも同じように打ってください」と譲りません。舞台ならここで拍手です。ワルは打てども打てどもボールは進みません。勝負は終わりました。負けてわめいているワルに沖田は静かに言います。「ホールアウトはしませんでした。この勝負は成立しません」ワルがア然として感激します。それだけ言うと沖田プロはコースに戻ります。また雨の中で一人黙々とショットの練習を繰り返している所でENDです。

この漫画を見て中年のゴルフ好き人間は目がウルウルです。次はどうなるやろ、次回が楽しみや。中年男はゴルフ漫画に夢中です。

みなプロか酔ってる奴のゴルフ談

1ラウンドで4度楽しい

「きのぅ、市場のゴルフコンペであわやホールインワンするとこやったぜ」と居酒屋で生ビールの大を3杯飲んだ魚屋の大将が顔を真っ赤にしてしゃべっています。

「150ヤードの打ち下ろしのショーットを8番アイアンで打ったがな。ナイスショットや。ボールはピンに向かってぐんぐん落ちて行く。おいおい、入るのと違うかと思ってるとピンそば10センチ手前にポトンと落ちた。転がらん、雨上がりで

グリーンが濡れていたのと球が高く上がりすぎたのとで落ちた所にめりこんでピタッと止まった。天気やったらホールインワンやったぜ」知ってる人に聞いたら本当は10センチではなく1メートルぐらい手前だったらしいです。魚屋だけにサバを読んでいました。

次にしゃべり出したのが宮古島の泡盛、38度のやつをロックで4杯目を飲みかけている男です。「池越えのラストのロングを2オンしたぜ」と自慢げにしゃべり始めました。さもグッドショットのように聞こえますが本当は2打目はあわやOBという所をカート道に当たってナイスキックで20ヤードほど前に跳ねたのでよく飛びました。カラーまで来たというただラッキーだけの2オン。カラーですから正確にはオンしていません。それを4パットしましたから、パーも取れずボギーでした。富田林《とんだばやし》出身の男でしたから「とんだ、とんだ」と言いたかったのでしょう。

100前後叩く男たちが好きな酒を飲んでシングルかプロみたいにしゃべっています。いいじゃありませんか。ゴルフは行く前が楽しい、プレーして楽しい、終わってワイワイしゃべって楽しい、後で思い出して楽しい、4回も楽しめます。

女性攻略と一緒です。口説く前が楽しい、口説いている時が楽しい、プレーして楽しい、帰りが空しい、家に帰っておそろしい…。「何じゃそれ、どこが一緒や」。

ごまかしたあの一打から崩れ出す

後ろめたさからペース乱れて…動揺からOB…「11」叩いた

長いゴルフ人生の中であなたは一度もスコアをごまかしたことはありませんか？　恥ずかしながら私はあります。

林の中で出すだけだと思って短く握ってバチンと振り抜きました。力が入りすぎて見事空振りです。バチンと音もしなければビューとボールも飛びません。ボールはそのままの位置でチョコンと座って打ってくれるのを待っています。周りを見渡しましたが、誰も

見ていません。キャディさんはクラブを取りにカートのそば、仲間3人はフェアウエーで自分のボールに夢中です。

ごまかすつもりはなかったのですがライバルと接戦だったので魔がさしたのですね。今のはないことにしました。次は4打目なのに3打日と自分に言い聞かせてフェアウエーに出て来ました。皆と顔を合わせると「うまいこと出てくれたよ」と誰も聞いていないのに一人でしゃべり出しました。後ろめたい気持ちが饒《じょう》舌にさせたのでしょう。そうなるとプレーが早くなります。ペースが乱れます。そのあとすぐにバンカーに放り込みました。

そこからOBです。あの一打、あの空振りから心が動揺しました。その動揺が「11」も叩いてしまいました。もちろんライバルに完敗です。泣きたくなるほど情けなくなりました。子供の頃ウソをついて母親に叱《しか》られたことを思い出しました。そんな時「♪叱られて、叱られてー」と童謡を歌ったものです。心が動揺して何かに救いを求めたい時に童謡が出た少年時代でした。今は演歌「箱根八里の半次郎」です。

「やだねったら、やだね」。

バンカーでサンド使って4度打つ

サンドではなく〝ヨンド〟ウエッジ

調子のいい時はバンカーショットが苦になりません。必ず1回で上がる。そしてピンに寄る、するとパーも取れます。当然スコアも良くなりますわな。ところが悪い時はどうしょうもない。トップしてアゴにささる。ホームランでOBになる。ザックリで球は動かない。情けなくなります。そんな日はバンカーに入っただけで「あかん!」と思ってしまいます。

このあいだ、いつものゴルフ場で1組だけのコ

ンペをしました（どんなコンペや）。優勝、準優勝、ブービー、メーカー、決定戦です。私が絶好調で5ホールまででパーを3つも取りました。6ホール目にバンカーに入れました。ミドルホールでパーオンするところをエッジの土手に蹴られて右横の浅いバンカーに入れたのです。何のことない浅いバンカーなので、軽い気持ちでサッと振り抜いたのにトップして逆のバンカーに入れました。さっきのバンカーより遠くなりました。しかも深いバンカーです。そこで2打叩きました。

6打目、やっとグリーンにオンです。そんなアホな。2オンが6オンですよ。サンドウエッジを4度も使ってしまいました。それ以来私が「サンドウェッジ頂戴」と言うと友人共は「ヨンドウェッジちゃうのん」と言うようになりました。

ノータッチキャディさんにもノータッチ

Hな話はほどほどに

「ノーズロは気持ちがええ」とか「ホールインワンしてみたいね」とかゴルフにはエッチに結びつくような言葉が多いです。よく刈り取った早いグリーンを見て「新婚の夫やね」と言うてる人がおりました。乗ったら速いぞと言う意味らしいです。カップに嫌われて入らんパットを「なめたけど入らなんだ」と言うのも言い方次第で卑わいに聞こえます。年配のキャディさんですと多少エッチな事を言っても聞き流してくれますが若い、かわいいキャディさんだと

セクハラに近いものがあって気の毒です。私はエッチは好きですがエッチな事を言うのはあまり好きではありません。

最近カートでプレーをする事が多くなりました。そんな時に運転するキャディさんの横の助手席は大体、一番助平な人が座ります。そして何やかや言いながらキャディさんの手や肩に触れるのを楽しみにしているんです。軽いエッチ話は和やかなムードができていいですが、どぎつい話は程々にしたいものです。ましてキャディさんとふれ合うのは球の受け渡しをする時くらいで、あとはノータッチがいいですね。最近、酒に弱くなりました。特にゴルフをして飲んで帰った日は風呂の中で眠ったりしますから嫁や娘にしかられてばかりいます。とくに嫁は私の体を心配してくれるのか虫の居所が悪いのか小言が多くなりました。最近、嫁にもノータッチが続いているので余計そうなるのでしょうか。

「8」か「9」か思うた時はまず「9」や

間違わないスコア計算法!?

ごまかすつもりはないんですよ、本当に何ぼで上がったか、スコアが分からん時があります。たくさん叩いた時です。２ケタに近い数字を叩くと「えーと8やったかいな、9やったかいな」と本当に分からんのです。自分は9やと思っているのに、人から「8と違うんか」と言われると、人間あつかましいもんです。立ち止まって考えます。

でも最初に9やと思うたらまず9です。少ない方の8ということは、まあありません。下手な人でも

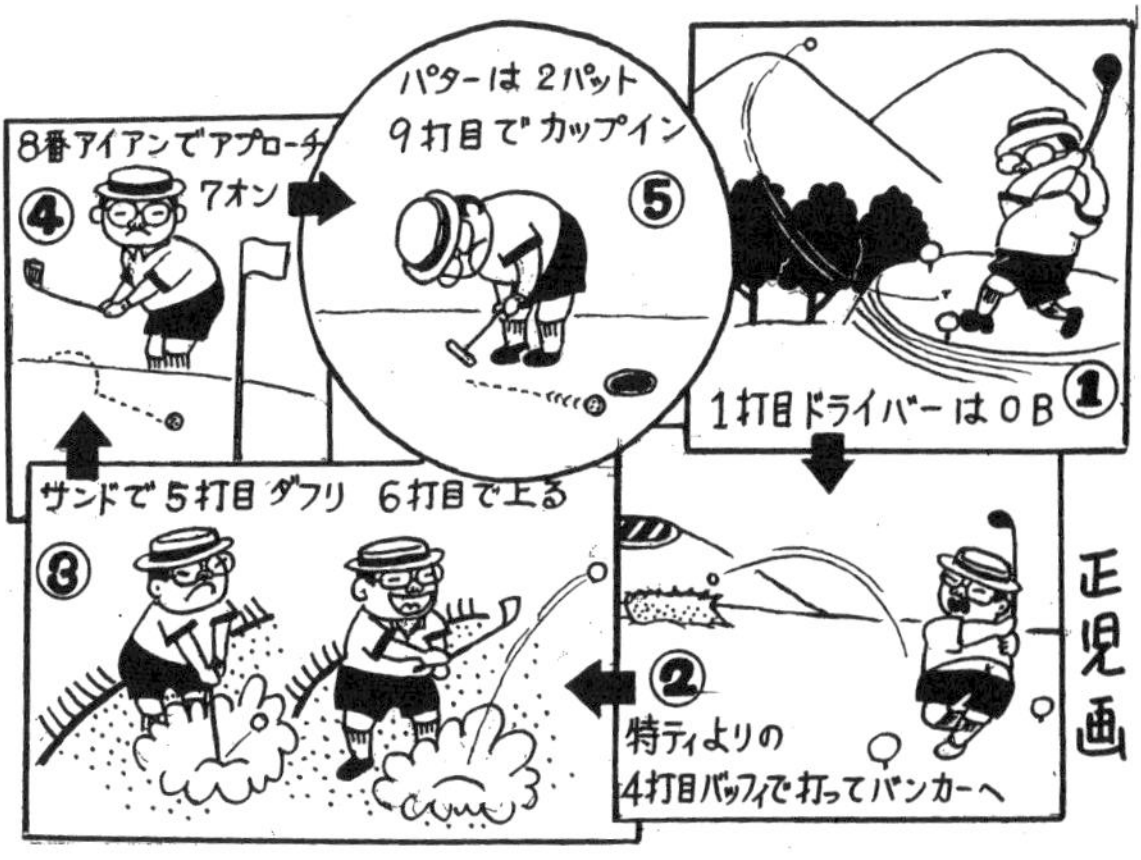

心の底には少しでもいいスコアで上がりたいという願望がありますから、少ない方の数字の8を考えるのも人間の悲しい性《さが》です（ちょっと大層か？）。

池ポチャのワンペナをOBと勘違いしてたり、2回も3回もOBを出すと間違いやすいです。打数は、使ったクラブを思い出すと分かりやすいです。「ティーショットはドライバーで山の中へOBした。特ティーへ行ったから4打目や、バフィで打った4打目がバンカーへ入った。そこからサンドで2回叩いた、6打で出たことになる、エッジから8番で転がして乗せたから7オンや、そこからパターで2回、9で上がりや、あーやっぱり9やった」と納得できますね。

でも、それよりもっと簡単で絶対計算を間違わん方法を教えましょう。人には言わんといてくださいよ。「各ホールみんなパーで上がりなさい、まず間違うことはありません」（「分かっとるわい！」）。

知ってたな幹事が優勝隠しホール

接待で勝つな!!
今では入るパットも外れる社長好みの男になりました

ゴルフとは不公平なものです。同じスコアで上がってもWペリアの時はハンディ次第で優勝する人もいれば、ブービーになる人もいます。大した景品でない時は誰が優勝しようと笑顔で済ませますが、海外旅行や高価なブランド商品となりますと目の色が変わります。ただ、コンペの時に優勝した人が内輪の人ですと問題です。スコアは大したことないのに、いいハンディが出たという人は疑いの

目で見られます。「お前隠しホールを知ってたな」と言われたりして。

昔、わが松竹芸能も年に1回、大きなコンペをやっていました。ゴルフ場を借り切って芸能人、スポーツ選手、文化人、マスコミ関係者など200人ほど招待してのコンペです。そこで私が優勝、じゅんと長作が4位、5位に入賞したことがありました。この時のハンディは最初から会社で決めたハンディやのに、社長が怒りました。「大きな金を使うてテレビ局の偉いさんや有名ゲストを招待してるんや、全社員が一丸となって接客しているのに身内のお前ら3人が大きな景品を取るな、ちょっとくらい遠慮せえ！」とご立腹です。

「けど社長、入るパットをわざと外せません、無理にOBは打てません」と申し上げました。そんなことが悪かったのか社長がその後、胃の手術をしました。15年くらい前の話です。手術前は「放っておくと危ないで」と言われていたのに大正生まれは元気、元気。76歳になりますが、今も社員を怒鳴りつけて精力的に働いています。

まだ当分カミナリは続きそうです。ゴルフも月に何度か行っています。先日、久しぶりに会社のトイレで社長とすれ違いました。私が小声で言っていたのが聞こえました？「社長、私は最近、入るパットも外れます。無理にしなくてもすぐOBが出ます。社長好みの男になりました。一度、機会があれば♪ゴルフに行く時、連れてってて♪」。

池越えのゆれる旗見て気もゆれる

280ヤード…やはり届かず池ポチャ

キャリーで200ヤード飛ぶ人でも、それが池越えとなると、そうはいきません。肩に力が入って池ポチャというのはよくあることです。人間そんなもんです、できることでも時と場合で失敗することがあるのです。実力もキャリアも変わらんのにここ一番の勝負に強い奴《やつ》と弱い奴が出て来ます。売れる奴と沈む奴です。前者が西川きよし、さんま、ダウンタウンでしょう。後者の駄目な人は言わんときましょう。

ヤシロカントリーのインの14番でこんな立て札が

してありました。「直接グリーンを狙わないで下さい」と。左前の大きな池の中にグリーンがあるのです。いったん右の橋の方へ180ヤード程打って、そこからピッチングか9番でグリーンを狙えと言うのです。直接狙うと280ヤードあって、必ず池ポチャだとキャディさんが説明してくれました。

狙えるやろ。280は無い、230飛んだら行く、風もフォローや。池の向こうで揺れている旗を見て、私の心も揺れました。旗が来い、来いと呼んでいます。狙いました。やはり30ヤードか40ヤード残して池ポチャです。池に波紋が揺れました。立て札通りです。沈む奴になりました。しょせん西川きよしにはなれませんでした。でもチャレンジしただけでもいい、この失敗が次の成功に結びつく(つかへんつかへん、また同じ失敗を繰り返す、そんなことより今日中に借金返済日延期の電話を…)。また別なところで私の心が揺れました。

去年より景気も悪いしスコアも悪い

大声で叫びたい！「私の青春を返せ」

景気が悪くなってもお笑いの世界は別だとよく言われます。同じです。イベントが少なくなります。縮小や延期やとなって、なかなかまとまりません。営業で行った刑務所の慰問も昔はよくあったのに、今は少なくなりました。犯罪者は増えているのに慰問が減りました。

ゴルフのコンペも少なくなりました。我々は芸人ですからコンペのゲストに招かれたり、プレーをして後のパーティの司会をさせていただいたり。減りまし

た、そんな仕事が…。だからと言って自分で休みをとって金使うて、メンバー4人集めてゴルフへ行く〃情熱〃もなくなりました。あっ間違い、情熱ではない、ゴルフ資金もなくなりました。

ゴルフはたくさん友達を作ってくれました。やり出して18年、芸人、タレントは言うに及ばず文化人、スポーツ選手、サラリーマン、お医者さんからお坊さんまであらゆる職業の人とゴルフをさせて頂きました。もう亡くなった人もいます（3人）。詐欺で捕まってまだ出て来ない人（1人）。偉くなって東京へ転勤した人（4人）。事業が行き詰まって女と逃げた人（2人）。

不景気が世の中を変えたのです。でもゴルフはいい思い出を作ってくれました。ゴルフは私の青春でした。その青春が不景気のために回数が減ったのです。行く回数が減ると下手になります、スコアが悪くなります。私は今、この不景気に向かって大きな声で叫びたい「おーい不景気よ、私の青春を返せ！　私のスコアを返せ！」

ロスト球ごまかし打ってすぐOB

心の中では波が揺れ…

人に聞いた話ですが、打った球がOBラインすれすれの所へ飛びました。「残っていてくれ」と願いつつ探しに行きます。ありません。「やっぱりOBやったか」と特設ティーの方へ行こうとすると、目の前の白グイの手前のラフに埋もれて白いボールがチラリと見えました。

「あった！　良かった、セーフや」と近寄ってよく見ますと自分のボールと違います。誰

かのロストボールです。これ以上探すのも面倒だしOBも助かる、ありがたいことや、このまま打とうと決心しました。「あった、あった」と、わざとらしい大きな声を出して皆に知らせます。

でも、心の中は波が揺れています。(幼い頃、駄菓子屋の陳列台からころがり落ちたロウセキを足で蹴って家まで持って帰った、あの後ろめたさを思い出しました。胸の鼓動が自分で分かります)。しかも、あわてていますから、その後はいいショットは出ません。もしナイスショットをしてグリーンに乗ったとしても「人が気付いてるのと違うかな、ボールの変わったのが分かったかな」と色々、考えます。

マークしてボールを拾い上げ、きれいにふきますが、いったんポケットに入れて自分の持ってたボールと変えて元の所へ置きます。これでホッとしました。…私と違いますよ、私の知人に…(おい、知人のしたことやのに何で胸の鼓動が分かるねん、何で駄菓子屋のロウセキやねん)。

雨降れば合羽《かっぱ》着る人帰る人

決行、中止で年齢が分かる…

初心者のころ、ゴルフ当日が雨だったので「きょうは中止じゃ」と勝手に思い込んでみんなに迷惑をかけたことがあります。雷、雪、濃霧以外、ゴルフは中止になりません。

2年ほど前のことですが、知り合いのA社長にゴルフを誘われました。70歳くらいですが、ゴルフ好きの恰幅《かっぷく》のある人です。スケジュール表に「A社長よりゴルフ」と書いて楽しみにしていました。当日、朝5時ごろ起きると小雨が

ショボついていました。天気予報も40％雨と出ています。これ以上降らなければいいが、と用意をしてキャディバッグを担ぎ、着替えも1着余分に入れたバッグを前カゴに積みました。その上、傘をさしてマイカーのチャリンコで集合場所へ行きました。

湊町の高速入り口付近6時集合です。近くに自転車を止めてサドルにビニールをかけて集合場所で待ちました。来ません。6時過ぎても6時15分になってもA社長の車は現れません。6時半近くになって、こっちからA社長の携帯に電話しました。ねむたそうな声で「ああ正ちゃんか、雨降ってるからきょうは中止やで」と何もなかったように電話は切れました。

また、ショボつく雨に濡れながらキャディバッグとゴルフバッグと一緒に傘をさして、わが家に戻りました。いい運搬日でした。

70歳くらいの年配になると雨降りは中止というのが定番らしいです。雨が降り出したら合羽《かっぱ》を取り出して着る人もいれば、ズボンのすそを靴下の中に入れ込んで、ぬれながらでも平気な人もいます。「雨の中ではいいスコアが出る訳ない」と茶店から「やめるから迎えに来て」と言う人もいます。私も昔は雨の中でも平気でしたが、最近はA社長の気持ちが分かるようになってきました。

「雨降って、ゴルフをやめる年になり」。「しなくても　しても後悔　雨ゴルフ」。

ラーメンのうまさがとりえのゴルフ場

コースやキャディや料金は満足いただいていませんが…

ゴルフ場の支配人とお茶を飲む機会がよくあります。もちろんコーヒー代は支配人もちで。「このゴルフ場の自慢は何ですか？」と質問しますと、すかさず「食堂のラーメンがうまいことですね」と、きました。思わず笑いました。「コースもキャディも料金もまだまだお客さんにはご満足いただいてはいませんが、ラーメンだけは…」と言われるとこれはつらい。

「景色がいいことですね」というところもありました。ロケーションが素晴らしいというのは何にも代え難い財産です。これからのゴルフ場はカートがあるというのも必要条件でしょう。いいキャディさんが揃っている。これも嬉しいことです。広々としたコースが好きな人、アップダウンのないフラットな所なら行くという年配の人もいます。客はうるさいです。若い人にもお年寄りにも女性の方にも、万人に好かれるのは料金が安いということでしょう。でも総ての条件を満たしてくれるゴルフ場などありません。

夜、飲みに行ってもホステスさんが若くてきれい、値段が安くてサービスがいい。食べる物もうまいし、ええ酒を出す、こんな店はありません。昔流行《はや》った歌に「♪酒はうまいし、ネーチャンはきれいし、ワァーッ、ワァー♪」というのがありましたなあ。ゴルフ場でも一度「♪ワァーッ、ワァー♪」と言ってみたいものです。

「正児さんはどんなゴルフ場が好きですか？」と言われると何も文句は言いません。自分のいいスコアが出たゴルフ場が大好きです。「いいスコア？それやったらどこもあらへんやないか」誰や、そんなこと言うのん。「♪ワァーッ、ワァーッ♪」

トイレから出て来て分かった女子プロや

ニューハーフの話題で終わった朝のハーフ

女子プロがきれいになりましたね。清ソな感じの村口史子、歯のきれいな東尾理子、ポッチャリ美人の大塚有理子、みんなうちの嫁よりベッピンです（誰がお前の嫁のこと聞いとるねん）。岡本綾子あたりから美人が出はじめましたね。昔はごっつい人がおりましたで、男か女か分からんプロレスラーみたいな人が、例えば「…アホアホ、もうちょっとでその人の

名前を出すとこやった。2、3人続けて…」。

私もゴルフ場で男か女か分からない人に出会いました。前の組でプレーしている1人が分からんのです。男4人と思っていたのに1人だけ小柄で可愛い人がいました。でも、どう見ても男性です。ヘアスタイルも着てる物も完全に男だし、声もガラガラのしわがれ声です。我々4人の意見も「男や」と言う者と「あれは女やで」と2対2に分かれました。「おかまちゃうか」と言うヤツもいました。自分のプレーより「男か、女か、それともおかまか」の話で午前中が終わりました。トイレで手を洗って出て来ますと前の女性用トイレから噂の人が出て来ました。「女や!」4人が無言でうなずきました。「そうや女子プロや、誰やおかまや言うたのは」とニューハーフの話題で終わった朝のハーフでした。

慣れたもの家具に当てずに素振りする

〝恵まれない〟環境で特技発見

わが家には私の机がありません。本はどこででも読めますが書き物をする時はそうはいきません。仕事家が狭いので食卓のテーブルが私の机です。仕事が佳境に入ってきてても食事どきになると嫁が「どいて、どいて」と私は放り出されます。本やノートを抱えて立ち往生です。食事が終わって後片付けがすまないと続きができません。そんな恵まれない環境の中でこの川柳のコラムを書いているのです。貧者の汗と涙の結晶です。

狭いわが家ですが、トイレがゆったりしているのが唯一の自慢です。書籍類とか日本全国の県別、都市別の地図とかビデオ、カセット類は総てトイレに収納されています。温水洗浄便座でおしりを冷やしながら、ゆっくりと本や地図を見るのが楽しみです（けったいな趣味や）。せまい家ですが。

そんな中でのゴルフの準備も楽しいものです。道具を揃えながらのパター練習はトイレの前の細い廊下です。おニューのクラブの時は短く持って家具に当らんようにする素振りにも慣れました。芝生の大きな庭のあるヤツが何だ！　ネットを張って練習できる広さのベランダがどうした！　バンカーなど作ってバンカーショットのできるヤツなどくそくらえ！

待て待て、今こんなことで騒いでる場合と違う、うちの家の台所の流しが詰まってんねん、水が流れへん。あれ修理屋の岡本さんに電話して直してもらわないかん、ゴルフの話はそれからのこっちゃ。

本屋では三月《みつき》で百切る二百飛ぶ

立ち読みだけじゃ効果なし!?

今や本屋さんにはゴルフの本が氾濫《はんらん》しています。「練習しないでシングルになれる」「初心者がすぐ百を切る上達法」「ひとりでうまくなるゴルフ」と初心者や練習ぎらいのずぼらな奴《やつ》が喜びそうな調子のいいタイトルです。

3ヵ月で100が切れた、ドライバーが200ヤード飛ぶようになったというのもありました。著者のプロゴルファーに言いたい。そらあんたやからできたんや、あんたの教えた人もできたというのなら、その人

が体力も才能もあったからや。我々ド素人にできまっかいな。日頃、運動はせん、インスタント食品やコンビニ食ばっかり食べて、夜遅くまで酒飲んで愚痴ばっかり言うてるような我々には無理でっせ。

20年やって、いまだに「今日は除夜の鐘（百八つ）やった」とか「午前中は45やったのに昼からは55も叩いた」と言うてます。200ヤード飛ぶようになったのも、やり出して5年くらいたってからです。ブツブツ文句を言いながら本屋さんをウロウロしていると「ゴルフは年をとるほど上達する」という本を見つけました。私は昭和15年生まれです。光がさしました。喜んで手にとりました。ペラペラとページをめくって拾い読みしました。

まん中どころに著者の色紙の写真がありました。墨字で「ゴルファーよ鮭になれ、鮭になって自分にふさわしいゴルフに戻ろう」と書いてありました。この意味が分からん、鮭《さけ》は子を生む時は生まれた川に帰って来ると言う。そして産卵が終わると死んでしまう。生まれた所に帰れというのは原点に帰れ、初心に帰れというのか？　そして死ねと言うのかな？　待てよ、原点言うたかて、私はやり始めた頃はメチャ下手やったぞ、スコアもグチャグチャで130も140も叩いてたぞ。どうもこの鮭の意味が分からん。その本、買うのやめて漫画の週刊誌買うて帰って寝ましたわ。

「7」「7」「7」パチンコやったらフィーバーや

虫歯とともに乱れるスコア

奥歯が痛み、歯医者通いです。そんな時にゴルフに誘われました。歯の痛い悪コンディションなのにショットは好調。スタートから3連続パーです。虫歯なんて完全に治ったさわやかさです。

　ところが次のロングで奥歯をぐっとかみしめるとピリリと痛みが走りました。ＯＢが出て「7」を叩きました。これは痛い、虫歯も痛いがスコアはもっと痛い。その次はミドルですが、歯は食いしばらず軽く打ってチョロです。チョロの後に、またＯＢを出して

ミドルも「7」でした。2ホール連続OBは泣きたくなります。虫歯がシクシク泣いてます。このショックが尾を引いたのか次のショートホールも「7」です。ショートでOBも出してへんのに「7」ですよ、何ちゅうこっちゃ、ショートの「7」は許せんぞ、虫歯とともにスコアは乱れる。けど「7」が三つ並ぶとスコアカードもきれい「7・7・7」で分かりやすい。パチンコやったらフィーバーや、1万円ぐらいはもうかるぞ…喜んでる場合と違う、今はゴルフや、虫歯なんかに負けてたまるかと頑張りましたが、その後もミドル「6」、ショート「4」、最後のロングも「8」を叩きました。何やこれは6・4・8はムシバやないか、漫才のネタみたい。

昼の休憩時間に歯の薬を飲むのを忘れてたことに気付きました。慌てて飲んで「これや、原因は」と自分で自分を納得させました。単純です。もう治った気分です。ポパイのホウレンソウですわ(知らんかなあ?)。昼からはパーとボギーだけであわや30台と思う「41」で上がりました。気分はルンルンで帰りに歯医者へ寄りました。先生が私の口の中をのぞき込みながら「正児さん、だんだん良くなってきましたね」。私のスコアを知っているような歯医者さんでした。

可哀そうタンポポ松かさショットされ

人にも優しく…なれまっかいな

コースを回っていて前が込んで待たされることがよくあります。その待ち時間に、落ちてる松かさや小さなキノコ、咲いてるタンポポをボール代わりにショットをする人がいます。私も松かさはショットしますがキノコやタンポポは打てませんな。可哀そうです。心が優しいのですね。それが証拠にあまり美人でない女性に対して「個性的で魅力がありますね」と言えます。「初恋の彼女に似ています、好みのタイプです」と堂々と言えます。これは優しさで

しょうか、嘘つきでしょうか、それとも単なる助平なのでしょうか。

昭和天皇は植物採集をされる時、同じ葉を必ず2枚採集して裏と表の両面を見せておられました。みんなが知っている表の面はきれいだが、隠れている裏の面もこんなに立派で美しいのだよ、と知ってもらいたい優しさからでした。

ゴルフもそうです。「ここでパーを取らんとこいつに負ける」とか、自分がＯＢを出すと「お前もＯＢを打て」とかいう勝ち負けだけにこだわる狭い了見は捨てて、もっと大らかな気持ちで〜野に咲く花よ、山の緑よ、沖行く船よ、今日一日のんびりと優雅に過ごさせてくれてありがとう、生きてる幸せをこのうららかさの中で満喫し、明日からの仕事に頑張ろうとそんな優しい気持ちに…。

なれまっかいな、何としてでもこの勝負に勝って、6インチのところを10インチに動かしてでもライバルを負かし、えらそうな顔してビールでもおごってもらおうか、それに限るわ。

ガラ空きで四人がひしめく着替えどき

ついてない1日だ…

スタート前の朝のフロントは混雑します。こんな時、フロントがしっかりしていてテキパキとさばいてくれると気分がいいです。要領の分からない頼りない係員だと腹が立ってきます。大して込んでもいないのに渡されたロッカーキーが4人とも接近してて着替えにくいのも嫌なもんです。ドアを開けるのも隣の人のドアを閉めなければ開けられないとか、ガタン、ゴトンと絶えずドアがぶつかり、音がやかましいとか実に不愉快です。「同じスタート時間の者同士はロッカーは離してくれよ」と朝か

ら愚痴の一つも出ます。

愚痴の出る日に限ってOBもよく出ます。イライラが態度に出るのです。皆のは「残ってた」「セーフ」ですが、私のだけは「アウト」「もう1球！」です。お昼の食事どきになっても皆の注文した物は出来て、もう食べてるのに私のだけがまだです。一番先に注文したんですよ。皆の終わるころ、やっと出てきて「すみません、忘れてました」この一言です。

こんな日は帰りの高速道路もままなりません。料金所で自分の車の列だけが時間がかかって渋滞です。両横はスイスイ行っているのですよ。今日はついてなかったからと帰りに一杯や、と行きつけのスナックに行くとお目当ての女の子は休みで前のツケまで払わされる始末です。「あーあ、今日はつきが無かった」と店を出ました。夜空には月が寂しく輝いていました。「まだつきはある」と家路に向かいました。

喘息と空振りだけは見る方も辛い

母の咳が思い出されて…

我が家は喘息《ぜんそく》の家系です。おばあちゃんが喘息もちでした。母もそれを受け継いでいました。でも母の咳《せき》は私にとって思い出があります。私の故郷は四国のこんぴらさんです。我が家は参道の裏道にある小さなあばら家でした。細い地道が曲がりくねっています。母が帰って来る時、姿は見えませんが「コホン！」と咳が聞こえると「あっお母ちゃんや！」と兄弟3人が表に飛び出しました。

年に2回の小学校の授業参観は父兄が何人来てい

ようと「コホン！」の母の咳は「ああお母ちゃんが来てる」と嬉しくなりました。その母が風邪をひいた時は可愛そうでした。咳が止まりません。特に明け方は咳込んで苦しそうです。本人が一番苦しいのでしょうが、見ている子供の私もつらくて早く止まってほしいと願ったものです。

ゴルフでたまに空振りをする人がいます。もちろん1打付け加えればいいだけのことですが「しもた！　空振りをしてしもた、えらい失敗や」と小さくなる人はあまりいません。まず、周りを一通り見渡して皆の視線を確認して「ハッハッハやってもた、大きな空振りや」と大笑いです。本人は笑っているのですが、心の中は悔しさとつらさがいっぱいです。

さあ、それを見ている周りの人も変な気持ちです。隣の奥さんのヌードを見てしまったような気持ちになります。嬉しいような、そして悪いとこを見たような恥ずかしい気持ちが入りまじって複雑です。これまたつらいもんです。何で隣りの奥さんのヌードが辛いねん。

負けゴルフ帰りは屋台で一人呑む

“弟子”に追い越され

今、屋台で一人、酒を呑《の》んでいます。２串で２５０円のやきとりをつまみに焼酎は大きなグラスでロックを呑んでいます。客は私と70歳くらいの近所のおじいさんです。ノラ猫が1匹、足元にやってきました。右を見れば阪神高速道路が、左は黒門市場のアーケードが見えます。その下では縁台将棋でも指しているのでしょうか、２人が向かい合って座っている姿が私の呑んでる赤ちょうちんの屋台越しに見えます。

今日はやけ酒です。ゴルフに負けました。1年前にハンディを五つやっていたヤツに負けました。2年前はエブリーワンやっていましたよ。3年前、彼にゴルフをすすめたのも私。安物やけどオニューのアイアンセットをあげましたよ。「ありがとう、ありがとう」と何度も礼を言い、クラブを抱えて喜んでいたヤツに負けました。今は私よりいいクラブを持っていました。

スタートの時に私が「ハンディをあげようか」と言うと「スクラッチで結構です」ときた。まあええ、ハーフを終わって調整すればいいと余裕のスタートでしたが47対45で2打負けました。午後は逆に「2つほどさしあげましょうか？」と言われ「アホ、本気を出したら5打は勝つ」と言って4打も負けました。46対42の完敗です。その結果が今日の屋台酒です。

生まれたばかりの赤ちゃんも3年たてば3つ、6年たてば学校へ行くのです。いつまでも赤ん坊と違う。その上、自分は年をとる。だんだん差が縮まり、追いつかれ、離されて行くのです。それが人生、世の常です。芋焼酎をぐっとあおると屋台につってあるラジオから美空ひばりさんの歌が流れてきました。「悲しい酒」です。でも今夜の私の酒は「くやしい酒」でした。

「あかんねん」言うてる奴にだまされな

相手の油断を誘うため!?

ゴルフ場における日本で一番短い会話。茶店とかジョイントのすれ違いで「どうや？」「あかん！」このふた言です。でもこの「あかん」という言葉に気をつけないかんですよ。ほんまにあかん奴の言う、まるっきり駄目の「あかん」もありますが、相手を油断させる騙《だま》しの「あかん」もあります。ライバルが「あかん」言うとったぞ、俺はまあまあの成績や、それなら負けはない、と思っていると終わったら五つも六つも負けてたってことがあるんです。するとあの「あかん」は何やったんやと騙された

ことに気付きます。

女性心理もそうです。気に入った女の子にモーションをかけた時、やんわりと断られることがあります。これが分らん。正直にほんまにあかんのか、それとも恥ずかしがって一応形式的に断ってるのか。ええように解釈して通いつめたら、ほんまに男がおってあかんかったと言うのは格好悪い。かと言うて、実は気の弱い子で「本当はもっと強引に誘ってほしかったのに」と後から言われると勿体《もったい》ない話です。

「あかん」の解釈は難しいもんです。

北海道の湖めぐりに女の子を誘いました。

「俺と一緒にどうや（洞爺）？」

「あんたはあかん（阿寒）もうちょっとましゅな（摩周湖）人なら。」

と彼女は去るまこ（サロマ湖）…お前はWヤングか。

待ちチョロや言うてるけれど実力や

前に誰もいなくても同じ!!

コースが込んでいる時に自分のショットがうまくいかないと「待ちチョロや、待ちチョロや」とぼやいている人がいます。長時間待たされたというこのアクシデントがいけない。本来の実力はこんなもんと違うという言い訳です。まわりの仲間は「実力のある人がちょっと待ったくらいでコロコロ失敗するかいな」と言いたいけれど口と腹とは違うもんです。「そうや無理もない、あれだけ待たされたら肩も冷える」と好意

的です。

だからといって、その待ちチョロ男がトップスタートして、前に誰もいない時にいいスコアが出るかと言うと決していいことおまへんで、一緒でっせ、しょせん実力はそんなとこです。単なる言い訳です。言い訳する奴は決していい訳ない（何のこっちゃ）。

いつも「待ちチョロや、待ちチョロや」と言うてる皆さん、これからは「実力や、実力や」と言うてください。その方がカッコイイじゃあないですか。ミスショットして「わあ、実力や！」これ、かわいいですよ。間違って、フロックでナイスショットをして「わあ、実力や！」は言わんといてくださいよ。女性と待ち合わせて、女性が来ずにいつも振られている方、これも待ちチョロじゃありません、これまた、実力です。

ここでもカップに嫌われ逃げられた

詰めを誤って…

最近はゴルフで人に負けてもあまり腹が立たなくなりました。昔は負けると、明くる日には打球場へ走って行きましたよ。その日のうちに行ったこともありました。あの時の私はどこへ行ったのでしょうか？

バッグも次のゴルフまでほったらかしです。女性の好みも変わりました。若い頃はストライクゾーンが広くて、年齢も問いませんでしたが、今は若い女性は駄目です。感覚的に話が合いません。A・P・M（厚底靴・ピアス・メル友）は受け付けません。タバコを吸

う女性も苦手という、うるさいオッサンです。酒も弱くなりました。15軒くらいのハシゴは平気でしたが今は5軒が精いっぱいです。

時たま金持ちの社長がクラブへ誘ってくださいますが、ギャルの店とか高級クラブは肌に合いません。露地裏のような居酒屋で現役をリタイアした60過ぎの御主人が、おかみさんと2人でやっているようなそんな店がいい。うまい芋焼酎があって、おかみさんの手料理でうだうだ言ってゴルフの話で酒を呑《の》む。おじん酒です。

ゴルフもおじんゴルフでしょうか。道具は良くなってるのにスコアは悪くなりました。平気で100を叩きます。でも驚いたことに、この間、久しぶりに39が出ました。30台は2年ぶりです。ところが午後はやっぱり46でした。ここ一番のドーミーホールでOBが出たり、パットが外れたりするのです。パーオンして4パットです。入ったと思ったパットがクルリとカップをなめて残っているのが2回ありました。

そう言えば昔、惚《ほ》れた女に最後の詰めを誤ってクルリと逃げられたことを思い出しました。「ホールよ、お前もか!」と天を仰いだ。そんなホールに限って〝村長さん〟をしてるんです。茶店の伝票にサインをしました。昔は色紙にサインしてたのになあ…。

店じまい三月《みつき》たっても店じまい

限りないのは〝上達欲と在庫〟

うちの近所のゴルフショップで最近、赤紙を張り出しました。「店じまい大バーゲンセール」です。「早い者勝ち」とか「数に限りあり」と店中にベタベタ張り紙しています。

もしかしたら何か安い掘り出し物があるかもしれないと、無い貯金を下ろし（注＝無い貯金は下ろせん、少ない貯金を下ろし、に訂正）とんで行きました。今、パターの調子が悪いので買い替えようと思っていた矢先です。店に入ったとたん気

が変わりました。1万8千円の軽量のキャディバッグがありました。色は鮮やかな黄色でカッコイイやつです。シューズも9千円でツートンカラーの気に入ったのを見つけました。「100ヤード以内はお任せください」というピッチングみたいな秘密兵器にも手が伸びました。何やかやで5、6万円の出費です。

「まあええ、しばらくの間は酒を控えよう（やめようと言わんところが憎い）。コーヒーも誰かにおごってもらおう」と心に決めました。そんなことより、これで良いスコアが出るようになればすぐに元は取れると皮算用です。「泣くライバルの顔が見れるぞ」とニヤリしました。

半年が経ちました。スコアは良くなりません。むしろ悪くなりました。毎日ゴルフショップの前を通ります。店は閉まっていません。やってます。赤紙も張ったままです。泣くライバルの顔どころか「数に限りあり」「あとわずか」の文字が私を見て笑っていました。

川の傍音が聞えるチョロチョロと

不吉な予感〝振り切った〟のに誰も見てへん…

ティーグラウンドに立ちました。ミドルホールです。途中のクリークまで200ヤードあります。「クリークを越すならキャリーで230ヤード打ってください」とキャディさんの声に迷いました。もしクリークを越えたとしても残りは120ヤード、手前で止めたとしても150ヤードで届くんです。

ドライバーかバフィか。安全策をとってバフィで手前へ落としましたが、ラフにつかまりました。ボールが半

正児画

分草に埋まっています。こんな時はダフるか頭を叩いてチョロになることが多いです。それでは何のために手前に落としたか分かりません。前に流れている川の音が気になります。いつもはサラサラと聞こえるのに、今日はチョロチョロと聞こえます。

不吉な予感がする。マイナス思考ではいかん。「ヘッドアップをするなよ、肩の力を抜けよ」と自分に言い聞かせます。「楽に川は越えるぞ、あのグリーンにポンと乗るぞ」と声に出してボールにハッパをかけました。大きめの番手、6番アイアンで振り抜きました。乗った。「やったあ!」と思っているのに誰も見てません。「ナイスオン!」と皆に聞こえるように叫びました。「自分でナイスオンと言うな、その言葉は人に言うてもらう言葉や」と仲間は冷たいもんです。「けど誰も見てくれてへんもん、言うてくれへんもん」と言いつつバーディーを取ってやりました。

バーディーのあとの次のホールはもちろんオナーでした。そしてOBでした。バーディーの後のOB、よくあるやつです。全員が見ていました。

道具いいスコアと性格メチャ悪い

もう一度、母と師匠の顔を思い出して取り組まないと…

兄のルーキー新一が、ちょっとした事件を起こしたために弟の私も社会的に苦しい立場の頃がありました。そんな時に「兄は兄、弟は弟や、やる気があったら来い」両手を広げて受け入れてくれたのがタイヘイトリオの洋児先生でした。おかげでレッツゴー三匹がデビューしました。我々の師匠です。洋児先生は亡くなられましたが弟子入りを許してくれた時「人間は、自分に厳

しく、他人にやさしくあること」と熱く語ってくださいました。この言葉はいつも私の胸にしまっています。

「自分に厳しく、他人にやさしく」これはゴルフにおいても言えることです。でも、これと反対の人が多いようです（私を含めて）。人がティーアップをした時にボールが前に出ていると「出べそだよ」と注意をします。そのくせ自分の時は平気で打っているのです。「先生すみません。」

ある人に誕生祝いにドライバーをいただきました。10万円近くするいいドライバーです。仕事の関係もあってゴルフの回数も増えました。こんなに恵まれているのにスコアは伸びません。クラブ以外にボールも良くなりました。飛んで止まるボールとか、男性用、女性用、色々あります。でもスコアは伸びません。体重も増えました。でも身長は伸びません（関係ないか）。それでも性格が良ければいいのですが、年をとってきてますます意地が悪くなってきて、他人のアラが目につきます。

私の尊敬する人は子供の頃は「母」で、芸能界へ入ってからは「洋児先生」でした。この2人が私の人生の柱になっています。もう一度母と師匠の顔を思い出して仕事にゴルフに取り組まなければ…「自分に厳しく、他人にやさしく」。

さっきより短いパットやOKちゃうの？

40センチを外して相手は得意顔

下りのラインは短くても怖い。それがスライスかフックで曲がる時は、なおさらびびります。さっき50センチくらいの時はOKくれたのに、それより短い40センチにOKが出ん。「打って貰《もら》いましょう」と来やがった。「こんなもん、ケンケンして打っても入るわ」と豪語したものの下りのラインです。ちょっと手ごわいぞと不安がよぎります。不安を感じるとあきませんなあ、外れそうやの気持ちが手に伝わります。そしてきっちり外れました。「これから君には例え5センチでもOKはないなあ」と相

手は得意顔です。

次のホールでは逆に相手が40センチほどの下りのパットを残しました。私がすかさず「OKは無いで！」と叫びました。リベンジです。

「ヘッヘッヘッ、喜んでぇ！」と返事が返ってきました。最近、我々の仲間で「喜んでぇ！」と語尾を上げて言うのがはやっています。私の行きつけの寿し屋さんとてっちり屋さんの職人さんがよく使ってる言葉です。お客さんの注文を聞いたら「ハイ」の代わりの「喜んでぇ！」と言うのです。

今日のライバルもその「喜んでぇ！」が気に入っています。でも「喜んでぇ！」とは言った割には難しい顔をして真剣にパットをしています。カラン、コロンと見事入れました。もう一度「喜んでぇ！」とガッツポーズです。私の心の中は「悲しんでぇ…」でした。

前の組フェアウエーにはカートだけ

グズグズされるとイライラ

前の組が遅くてグズグズしている時はイライラしてスコアが悪くなります。今日のゴルフも各ホール待ちになってしまって、イラチの私はぼやいています。

打ち下ろしのロングホールに来ました。ティーグラウンドに立つとなぜか前の組の姿が見えません。コース内にいないということは、もうホールアウトをしたということです。へえ、珍しいことや、あの

グズの組が早いこと行きよった、これは嬉しいとオナーがティーアップして打とうとしました。

待て待て前で何かが動いたぞ、あっカートがコースの隅っこで止まってる。まだ近くにおるぞ、と打つのをやめました。いました、いました、林の中から1人出てきました。山の上から2人下りて来ました。もう1人はキャディと一緒に木の陰から姿を見せました。4人とも目の前にいるがな、またひと休みです。泣きたくなりました。

昔から弁慶の泣き所というのがあります。あの豪快な弁慶も向こう臑《ずね》を打たれると弱いです。私の泣き所は長時間待たされる時と態度の悪いキャディさんが付いた時、それと横でプカプカ、タバコを吸われるのも駄目です。この三つが泣き所です。やはり今日のゴルフも100近く叩いてしまいました。

正児殺すにゃ刃物はいらぬ、周りでグズグズすればいい。皆さんも、もし私の前でゴルフをすることがありましたら、テキパキとラウンドしてください。せっかちの私のためにも2時間以内でプレーをお願いします。

傍《そば》にオン家庭教師が来てくれた

どーしょーもないヤツも多くて…

グリーンに乗ったのはいいけれどスライスからフックか分からない時があります。それも下りの時はいややねえ。キャディさんはスライスと言うてるけど私はちょっとフックするような気がする、途中のマウンドがどうも気になる、困ったものです。こんな時、あとから打ってきた人が私より後ろにつけてくれるとありがたい、参考になります。まるで家庭教師がそばに来てくれたみたいなもんです。

そのあてにしている家庭教師がアホみたいなノーコ

ンのヤツがいるんです。どうしようもないパットをするんです。10メートルくらいあるパットをダフって3メートルくらいしか打たんのです。私のちょっと前に出ただけ、今度は私が家庭教師になる番ですわ。そんなヤツもおればむちゃくちゃきつく打って4メートルも5メートルもオーバーする奴がいる。これもまた曲がりが分からん、やっぱり頼れるのは自分だけですわ。

この世の中でほんまに頼れるのは自分か嫁はんくらいです。その嫁もこの頃は言うこと聞かんし、そんなこと思うてたらきっちりスリーパットしました。あーあー、この頃は自分も信用できんようになりました。

かつては仲間に「正児さんはパターはうまい、パットの王者!」と言われてたのが、年を取ってくると「パットのおじんや」と聞こえてくるようになりました。ゴルフとは失敗を忘れることです。

そりゃ勝てん野球部出身わしゃ書道

勝てるようになるには努力しかないで

ゴルフは足腰が肝心です。ですから元スポーツ選手の足腰を鍛えた奴には勝てません。私も剣道をちょっとやっていましたが、剣道部は大したことありません。皆、私とチョボチョボです。やっぱり野球でしょう。女性ではソフトボールです。球をとらえるタイミングや感覚が分かってますからよく飛びます。

下手なのは、何もやってない奴で、動くのが嫌、テレビばっかり見てるか昼寝が得意で酒のんでくだまいてる奴。パチンコ屋や麻雀屋へ入り浸って座って、タバコの

煙の中で暮らしてる奴も体がだらけています。そこへもって、そんな奴は練習嫌いときてるから永久初心者ですわ（書きながら自分のことを言うてるような気がしてきた）。

私の友達で小さい頃から書道をやってる奴がいました。山本修治といいます。名前からして（習字）ですわ。その弟が耕作（工作）です。お兄さんが英吾（英語）でお姉さんが梨花（理科）で、驚くなかれお母さんが社会科じゃありませんか（ここまで言うとネタや、うそまるだしや）。

でも本人の修治と弟の耕作は本当です。その修治が会社へ入ってゴルフを始めました。書道家に似合わず豪快なショットで、社内ではゴルフはトップで、一目置かれていました。そこへ野球部出身の若い社員が入ってきて彼の影が薄くなりました。筆もバットには勝てません。噂に聞くとゴルフはやめたらしいです。久しぶりに千日前で会いました。存在が薄くなった奴が頭も薄くなって元気がありませんでした。「おいゴルフやれよ」と言ってやりました。今はゴルフよりももっと小さい金属の球を打っているらしいです。

「継続は力なり」嫌な時もつらい時もあるよ、努力しよう、少しくらいの努力は誰でもするよ、人のせん努力をやってみよう。人のやる以上の努力や、これが本当の努力や。ああ今日は私も疲れた、家へ帰って焼酎でものんで寝よ。

ケータイは器用でパターは不器用で

芝目を読むのは難しい

最近は携帯電話をゴルフ場に持ち込んでも何も言わんようになりましたね。最初は厳しかったですよ。ケータイは便利ですが、私はあまり好きじゃありません。聞きとりにくいし、周りに人が大勢いるのに一人ブツブツしゃべっているのも格好悪い。また、場所によって電波が届かない。色々理由はありますが、一番の理由は通話料が高くつく、この一言につきます。

ゴルフの場のカートの中でケータイが鳴っている。グリーン上からパターを持ったまま走ってくる人、

フェアウエーを歩きながらしゃべっている人と様々です。ゴルフ場ではケータイで事故はありませんが、街なかでメールのやりとりしてるのは危ないです。周りが見えてませんからね。でも若い者は難しい機能をよく知っていて上手に使いこなしています。女性はメカに弱いと言ったのは昔のことです。今はしっかりしています。ただ、グリーンの芝目を読むのは女性は弱い感じはします。女子プロは別ですよ。一般の女性ゴルファーでパターはうまい、実に芝目を読んでいると言う人はめったに会いません。ほとんどの人が「キャディさん、これどっちへ曲がる?」と聞いています。そして、また、その通り打てない人が多いようです。女性の方には失礼ですが、お心当たりの人もいらっしゃると思います。

スコアカードにスコアを記入する時、ついでにパットの数も小さく書いておくのもいいでしょう。そしてキャディさんに何でもかんでも聞かないで、自分一人でやってみるのもいいでしょう。パット上達はスコアメークの一番の特効薬です。

暗い空向かうゴルフに気が重い

悪天候がプレーに悪影響…

ゴルフに行く日、電車で行くにしても車で行くにしても向かう空の方向が、どんよりと曇っていると嫌ですなあ。

12月の初めに胃ガンの全摘出手術をした人が退院したというので、見舞いを兼ねて金沢へゴルフに行きました。彼はゴルフしたい一心で手術後も病室ですぐにリハビリを始めました。ストレッチやダンベルで体力回復に励んだ驚異の鉄人で

す。「もうゴルフできるよ」と言ってはいましたが、病後のことですから冬のゴルフは無理だろうと思いました。でも、ゴルフ好きの私です。一応、キャディバッグは持って行きました。

朝7時12分発のサンダーバードで出発した時、大阪の空は快晴でした。びわ湖を過ぎて敦賀近くで曇ってきました。福井駅ではさらに暗くなりました。向かう金沢の空は真っ暗です。目的地の空が明るいと心も晴れやかですが暗いと実に憂鬱です。案の定、金沢は雨でした。それもみぞれまじりの冷たい雨でした。病後の彼は合羽を着て待っていました。やる気です。

体重こそ全盛期より20キロも減っていましたが、血色は良く、今日で3日続きのゴルフらしいです。飛距離もあまり落ちていません。はるかオーバードライブされました。アプローチも衰えはありません。悪かったのは私です。ひざを痛めているから両足にはり薬をはって、腰にはほかほかカイロを二つ入れ、カートに乗ってのプレーです。彼は冷たい雨の中を元気に走り回っています。

目的を持って努力したことは素晴らしいことです。この元気がガンを蹴散らしたのでしょう。終わってスコアが悪くてショボンとしている私に、彼が「まあ来年も頑張りましょう」と慰めてくれました。ミイラ取りがミイラの今年の打ち納めゴルフでした。

初打ちは年玉《としだま》出費で月おくれ

1月は寒いと理由をつけて…
本当は懐具合がサムいので

正月は久しぶりに「レッツゴー三匹」で元旦から10日まで浪花座出演です。３人での漫才は半年ぶりですから息は合いませんが、それはそれで生の舞台は面白いものです。アドリブ合戦ですから客より我々が楽しんでいます。正月だけあって客はよく入りましたが、この浪花座も今月限りで閉館になります。レッツゴー三匹もラストランで頑張っています。

「正児師匠！　面会でーす」お茶子さんの声が響き

ます。正月ですから面会客も多かったです。弟子や水商売のママ、スポニチの記者や仕事関係の人と、楽屋はにぎやかです。日頃、顔を見せることのない弟子連中も正月は子供を連れて楽屋見舞いです。「師匠が出ていると聞いたもので…」 それなら普段の時も来い。

ゴールデンウイークやお盆の出演の時はそばを通っても見向きもせんのに正月だけきっちりやって来るのです。それも子供を2人も3人も連れて。今年は子供連れの楽屋見舞いが多かったです。年末に銀行で並んで新札に両替してもらってた分が全部なくなりました。予定額をはるかにオーバーしました。

正月もミナミは元旦から店を開けてます。夜は「ちょっと飲みに行くか」と連日新年会です。昨年は12月31日まで忘年会をやっていたのに1日はもう新年会です。初日にもらった劇場のギャラは3日にはもうなくなっていました。千秋楽の10日が終われば休みが続くので初打ちを予定していましたが、ちょっと考えました。「1月は寒いことやし、もう少し暖かくなってから行くか」と予定変更です。本当は私は寒いのは平気なんです。ただ懐の具合の寒いのがつらいんです。

百円でシングル願う初詣

長い工事中の〝ゴルフ道〟明かりが見えますように…

エビスさんが終わって大阪の正月もやっと終わりです。皆さんは神社やお寺さんにお参りする時にお賽銭《さい》はいくら入れます？　昔は5円というのが多かったですね。いいご縁がありますようにとの思いを込めての5円でしたが、物価が上がった今は50円か500円になりました。一番手ごろでポピュラーは100円でしょう。その100円玉を賽銭箱に投げ込んでばかほど時間をかけて祈っているヤツがいます。

「今年も一年、健康でありますように、私だけでなく妻も子供も病気しませんよう、おじいちゃん、おばあちゃんも長生きを、そしてボケないで頑張ってください。長男の就職がうまくいきますよう、娘の結婚が、末っ子の入試が、総てよろしくお願いします。行きつけのスナックのミヨちゃんがもう少し私を好きになってください。そしてゴルフがうまくなりますように切に切にお願いを…。」

やかましわ！　そんなに祈ったら神さんも疲れるわ。100円でシングルになれるんやったら毎日でもお賽銭を渡すわ。私、思うんです。お賽銭をあげる時は「〇〇してください」と頼むのではなく「〇〇します、頑張りますので見守ってくださいね」と言うのがお祈りだと思います。他力でなく自力で汗を流す、私の心の支えになっていただくことだと思います。

努力すれば結果は必ずついてきますよ、と思いつつ、上達しない明かりの見えないゴルフ道を歩いています。長い工事中の道です。人生も金運に恵まれない曇り空ですが、いつか晴れてくることを信じている私です。「そんな正児に幸あれ！」と…ポトン！　100円入れました。

「よろしく！」。

飛ばないし力もないし金もない

来週からこのコーナー
任せちゃおうかな…

この川柳コーナーを書き始めて4年以上になります。うれしいことに徐々に浸透してきたのかゴルフ場や飲み屋で「正児さん、スポニチの川柳、読んでるよ」とか「水曜日は楽しみやねん、先週のは私のことを言われているようで面白かったよ」と言われると嬉しくなります。これを励みに来週も頑張ろうと決意を新たにします。

ある新聞のカメラマンの人でミナミの飲み屋で会う

人がいます。火曜日の夕方に会いました。「明日は水曜日やなあ、明日のスポニチ読みたいなあ、けど新聞買う金もないしなあ」と言いながらビール2本空け、焼酎をロックで3杯目を注文しているんです。この人はおかしな人で家でスポニチをとってるくせに水曜日の新聞だけは前日の火曜日の夜に駅売りのを買うのです。夜遅い新聞は翌日版になっていますから、私のエッセーを早く読みたいために買ってくれる実に嬉しい限りです。

ティッシュに120円を丁寧に包んでお渡ししました。「すみません、お年玉が遅れました、受け取ってくれますか、できればこれで明日のスポニチを買ってください」「ありがとうございます。これで安心して酒が飲めます」と4杯目の焼酎を注文していました。

「正児さん、最近のゴルフの調子はいかがですか、今の心境を川柳で言うならば？」と私に水を向けてきました。私は即「ウッド駄目、アイアン悪し、パター下手」と答えました。「あなたはどうですか？」今度は私が質問しました。彼は「うーん」とちょっと考えて「飛ばないし、力もないし、金もない」と答えが返って来ました。来週からこのコーナーは彼に任せたい気持ちです。

どこかいな?・なければいいのに人の球

本心隠しつき合いでキョロキョロ ウソつくスポーツ

自分の球が見つからない時は必死で探しますねえ。ラフの中に埋まってへんやろか、それとも排水口の中と違うか、もしかしたら溝の中かな、木の根っこの所も見た。おかしいなあ、ない訳ないのに、さっき隣のコースから誰か1人こっちへ入って来たけど、間違うて持って行ったんやないやろか、ありとあらゆることを想像して探しますが見つかりません。

そんな時に打った本人は飛んだ所より遠くを探しますね。「そんなに飛んでへんぞ」というところまで探しますわ。手前を探す人は少ないです。結局見つかりません。もっと探したいけれど後の組が待っています。「キャディさん、いいよ、ロストにしてこの辺から打つわ」と言わなしゃあない。ロストで打った後もまだ未練たらしく後をふり向き探しながら歩きます。

これが他人の球やったら違いまっせ。一応つき合いで顔だけはキョロキョロします。義理にでも「ないなあ」と口では言っていますが、心の中では「ないほうがいいぞ、個人戦で今のところ1打負けてる。本来なら元の位置に戻って2打罰になるところだけれど、今度は1打勝つことになる、出てくるなよ」と思いつつ、「カラスがくわえて行ったんかな」と無責任なことを言っています。

ゴルフはそんなもんです。本心を言えないのがゴルフです。ゴルフとプレーボーイは一緒です。

「美人ですね」「お若いですね」「モデルさんですか」つらいけど大いにウソをついてください。

二時に起き四時にも目がさめ寝過ごした

「明日遅れんようにね」念押しした張本人が…

時間を守らん人がいますねえ。遅れてくるのが平気な人が…。私は早く行くほうです。いらちですから。約束の時刻より5分か10分は早く行きます。

私のゴルフ友達で遅れてくるのをモットーとしているかのような人がいます。女性です。会社の社長です。北陸は金沢「加賀の女《ひと》」です。女性ですが太っ腹で豪快な人です。遅れるのも2分や3分と違います。まあ平均30分は遅れます。「○時頃に待ち合わせ

しょうか」と「頃」という言葉をつけると1時間の遅れは覚悟しなければいけません。周りの人もそれが分かっていますから姿が見えなくても誰も心配しません。とにかく天真爛漫《らんまん》で大器という感じです。

時間に厳しい私も、ゴルフの時に寝過ごして遅れたことが一度だけありました。前日に私が皆に「明日は遅れんようにね」と念を押していたのに肝心の私が遅れたのです。嬉しくて眠れなかったのです。夜中に何度も目が覚めました。結局、本格的に眠ったのが明け方でした。朝、電話がかかってきた時は驚いたの何の、自分が何を言ってるかも分かりません。「すぐ行きます行きます」を繰り返していました。シャツやパンツも裏表も分かりません。慌てふためいて、とにかくキャディバッグを担いで集合場所へ15分遅れでチャリンコで到着しました。

こんな時にあの加賀の女社長ならどうするやろ、慌てず悠然としてるやろうなあ、加賀友禅言うもんなあ。

「怒ってる?」。

もうちょっと曲がれと体をくねらせる

風に流されるたび…あんたはタコか

今年の初打ちは2月になってからでした。毎年1月には2、3回は行くのに今年の正月はレッツゴー三匹での劇場出演が10日間、そのあと、われわれのホームグラウンド浪花座閉館イベントが5日間ありました。珍しく東京のテレビ出演や北海道、九州の講演も続いたため、1ヵ月遅れの初打ちとなりました。

永遠のライバル、Sゴルフ場のK支配人からお誘いがあったので二日酔いでしたが出かけました。今年一番の寒い日です。朝の6時にキャディバッグ担

いで家を出ました。チャリンコ、地下鉄、阪急電車、クラブバスと4回も乗り継いでゴルフ場に到着しました。

支配人はまだ来てません。飼ってる犬に小指をかまれたとかで1時間遅れで来ました（宮本武蔵か）。今年初の支配人との対決は支配人がチップインや超ロングパットをスコン、スコンと入れるので圧倒されましたが、あと1センチ、2センチというところでパットが外れるのも数回ありました。

支配人はドライバーもショットは良かったのですが、高く上がりすぎて風に流されてのOBも出ました。そんな時に体をくねらせてよじ曲げるのです。こっちへ曲がってくれ、とボールに願っているのです。まるで蛸《タコ》です。そら分かりますけど、ボールは言うことを聞きませんわな。朝は風のため60対62の低レベルの戦いで支配人の勝ちです。2打負けました。昼からは47対50で私が勝ちました。勝負は引き分けです。良かった良かった、恨みっこなしで…。次回に託せます。

そのために猛練習するも良し、温泉でのんびり英気を養ってくるも良し、ナマコの酢の物をあてにイモ焼酎を一パイやるのも良し。そうや私はナマコで焼酎にしよう。

セーフだと言ってるキャディの可愛いさよ

ライバルが「セーフ」だと…

ゴルフは付いたキャディで楽しさも変わります。若くて美人でよく動いてくれる人なら文句はありません。しいて欲を言えば愛想が良くて気がきいて女らしくて素直で明るくて余計なことはしゃべらないで上品で、その上…（言い過ぎじゃ！　そんなキャディがおるなら連れて来てほしい。家へ連れて帰ってうちの嫁と取っ替えるわ）。

年配のキャディさんでも一生懸命動いてくれて明るいキャディさんなら年齢にこだわりません。ボールの

行方も見ずに「もう1球打っといてぇ」なんて言われると「出て来たわ、バンカーの向こう側に落ちたのが見えたのよ」と、こっちが教えないかんようになります。一生懸命走って行って向こうの方で「セーフ」のポーズをとっているキャディさんは実に可愛いものです。そんな時には「セーフと言ってるキャディさんはチャーミングで可愛いですね」と褒めておきます。

その日の最終ホールは、わがライバルとイーブンでティーグラウンドに立ちました。私はチョロって150ヤード。ライバルはナイスショットでしたが方向が悪く数メートルOBラインを越えました。「儲けた、これで今日の勝利の女神は私にほほえんだ」と歩き出しました。キャディさんが先に走って行きました。「お客さん、OBだと思ったけど木に当たって出て来てます」と前の方でセーフのポーズをとってます。にくらしいヤツや。こんなキャディ。

「まぐれです」「できすぎですよ」とまたオナー

大阪場所前の放駒親方と完敗&乾杯の楽しい1日

大阪・ミナミのナンバ界わいもマゲを結ったお相撲さんの姿が見うけられます。3月10日から大阪場所が始まります。私の30年来の友人、放駒親方（元大関魁傑）も大阪入りしています。準備、あいさつ回りと忙しい中をゴルフにつき合ってくれました。

朝、宿舎に迎えに行くと、右手で腰を押さえながら「正児さんお久しぶりです。私、ギックリ腰でねえ」会うなりもう言い訳です。数日前に立ち上がろうとして腰にピ

リリと痛みが走ったそうです。「少しは楽になりました。言っときますが今年になって初めてのゴルフですよ」ともう第2弾の言い訳です。右ヒザも痛いらしく、右足を引きずっています。でも、きょうはカートですから楽に回れます。

飛びますわ。30ヤードから50ヤード近く置いていかれました。「本当に下手になりました」と言いながらパーをとっています。「まぐれです」と言いながら長いパットを入れてます。そしてオナーが続きます。いいカッコじゃなく真面目な実直な人ですから嫌味がありません。人柄がそうさすのでしょうか、まわりにもいい人がたくさん集まって来ます。

その中で一番いい人が私でしょうか。

勝負は満身創痍《そうい》の親方の勝ちです。スコアはあえて申し上げません…私の名誉のためにも。夜のネオン街も親方はお酒を飲めないのにつき合ってくれました。昔、2人でよく歌った千昌夫の「夕焼け雲」を20年ぶりに熱唱しました。

「♪あーれから春が、また秋がぁー」20年前の2人に戻りました。今夜の酒はことさらうまい。

春うらら毛虫が行くのをしばし待ち

プレー後は…さっきまでの優しさどこへ

3月の中旬は仕事が暇だったのでよくゴルフに行きました(銭が入って来んのに使うのはつらいねんけどなあ)。いい季節になりました。暖かくて汗が出ました。

春先のゴルフは最高です。花が咲き、チョウが舞い、小鳥がさえずります、何よりも芝が緑で美しくなるのがうれしいです。打ったボールの所へ行くと、そのボールにチョウがとまっている、よくある光景です。野ウサギや鹿のフンがころがっている、

かわいいもんです。

グリーンではミミズやナメクジ、毛虫などに出合います。毛虫のエッチラ、オッチラ進んで行くのを眺めるのも風情があります。あまり歩みののろいヤツとか、打とうとするラインにまたがっているヤツは手でつかんでグリーンの外へそっと出してやります。こんな時にパターで押しつぶしたり、思い切り遠くへ投げ捨てる者は一人もいません。みんなやさしく「こんな所におったら踏まれるぞ、もっと向こうで遊びや」と自然の中では誰もがやさしい心になります。

そうやってたやさしいゴルフが終わると「さあ、帰りは一パイやろか、カモナベのうまいとこ知ってるねん。カモはうまいぞ、さばきたてのカモや、食いに行こ」さっきとえらい違いでした。加茂カントリーへ行った帰りの話です。（シャレ違いまっせ、ほんまの話でっせ）。

ニッコリと笑って杉原予選落ち

先生、気持ちでっせ！　頑張ってください

「昔はなあ、わしが予選落ちしたらニュースになったけど今は当たり前みたいに誰も振り向かん」と杉原輝雄プロがニコニコとしゃべってくれました。ダイドードリンコ静岡オープンに予選落ちした杉原プロと掛川駅で出会いました。私は静岡での講演が終わった帰り道です。プロは荷物も何も持たず犬の散歩中みたいな格好です。新幹線の中の1時間半があっという間に過ぎました。

「先生、体調はいかがですか、前立腺ガンは大丈夫ですか？」

「抗ガン剤は打っとらんが女性ホルモンを打っとる、急には良うならんけどガンと仲良うつき合いながら頑張っとる

よ」と言いながらも顔色もよく元気そのものでした。

「食べ物の制限とか？」

「あれへんあれへん、何でも食う」

「お酒は駄目なんでしょう」

「かめへんかめへん」

「エッチはしたらあかんのでしょう」

「かめへんがな、けどできへん、する気が起こらん、言うことときかんしなあ、女性ホルモン打っとるからその気も起こらん」

「それが1打差で予選落ちした原因ですよ、その気になってあっちこっちでじゃんじゃんエッチするようになったらまた強うなって優勝、優勝でっせ」

「そうや気持ちの問題や、ゴルフもエッチもあかん思うたらおしまいや、やったるぞの気持ちや」

「そうですがな、頑張ってください」

「うん、頑張るわ、君も頑張りや、あんまり酒ばっかり飲まんと…」ときっちり返されました。若い頃、クラブを買う金もなく人に借りて大事な試合や月例にのぞんだという苦労人の「男杉原」もう一度、優勝の花よ咲け！

この池は私のボールで水増えた

20年前から成長してません

ゴルフ場によっては出だしのスタートホールから池越えという所があります。これはプレッシャーがかかりますよ。そのうえ寒い冬の朝ですと、ますます体が動きません。

私の行く堺カントリーの梅コースのスタートがそうです。20年前の私がゴルフをやり始めた頃は何度この池にボールを放り込んだことか。松コース、竹コース、梅コースと3つのコースがあるのに、どういう訳か朝一番は「梅」というのが多かったんです。

今、立ってみると「何でこんな池に打ち込んだんやろ？」と不思議に思います。150ヤードほどの池ですよ。初心者の頃はこの池が大きく見えたんです。

子供の頃に田舎で育って、大人になってその田舎を訪ねると、何と小さな町やったんやと思うことがあります。道も細いし距離も短いのに大きな町やったと思っていたんですわ。小さい子供の視線で見れば総てが大きい物ばかりだったんです。

池越えのホールは自信がなかったので傷ついたボールとかロストボールでティーアップしました。昔は、この池が怖かったんやなあと笑いながら、おニューのいいボールでバシッ！　とひっぱたいてやりました。見事チョロして池ポチャです。20年前とちっとも変わってません。私の似顔絵の入ったマイボールが池の中に沈みました。「ごめんね、池の中で冷たかろ」また水かさを増してしまいました。

平凡なゴルフで嬉し退院後

昔シングル、今は大叩きでも

今から20年程前、ある人の紹介で堺カントリーの支配人（現在㈱きさいち常務取締役）と出会ったのが私のゴルフ道の入り口でした。「いつでも遊びにきてくださいよ」と言ってくださり、堺、きさいち、加茂カントリーは前日の電話一本でOKでした。

当日、1人でぶらっと出かけても必ずどこかに入れてくださって便宜をはかってくれました。九州なまりの快男児（ビッグコミックの漫画「黄

金のラフ」の主人公藤本草太のキャディをしている太子《たこ》みたいな人）です。

5、6年前にきさいちカントリーで夫婦のカップルと一緒になりました。ご主人がもとシングルでうまい人です。奥さんもかわいくて感じのいい人でした。1、2回一緒にプレーしましたが、その後はばったり姿を見なくなりました。

先日、会いました。「お久しぶりです！」どちらも同じあいさつです。ご主人が胃かいようで手術して、しばらく入院してたみたいです。「ゴルフは1年半ぶりですよ」と言いながら相変わらず味のあるゴルフをしていました。その日は奥さんが調子よく午前のハーフは「47」でご主人は「49」でした。

昔シングルの人が「50」近く叩くのは歯がゆいでしょうが、久しぶりのゴルフに奥さんが実に楽しそうでした。私のスコアは「48」。チョボチョボのスコアの3人に、春風がさわやかでした。

この本は「スポーツニッポン」で連載のゴルフ川柳『風まかせ　腕まかせ』平成10年6月～平成14年４月掲載分の中から抜粋し、一部加筆修正をしたものです。

あとがき

レッツゴー正児

新聞「スポーツニッポン」に平成10年6月から連載のゴルフ川柳『風まかせ　腕まかせ』というエッセイがあります。この本はその中から一部を選んで本にまとめました。

6年間の間に担当者が9人も変わりました。それぞれの方が未熟者の私によくつき合って下さいました。素人の私の作った川柳に自分勝手な説明をつけて下手クソな絵も私が描いているのですから小学生の絵日記みたいなものです。記者の方いわく「技術とかテクニックとかそんなもんと違います。正児さんらしい素朴で荒削りの所がいいのです。手直しもせずそのまま載せていますよ。」と上手におだてられ豚も木に登ってしまいました。洋食より和食がいい、スパゲティよりうどん、サラダより漬物の方が好きな人間です。メカに弱いんです。ワープロ、パソコン、インターネット、携帯メールの様な物は一切ダメですので原稿も手書きです。今、目の前には辞書が3冊あります。国語辞典、カタカナ語辞典、ことわざ辞典の3冊です。その横には大きな虫メガネがすぐ取れるように立てて置いてあります。原稿用紙が山積みされていて回りは消しゴムの消しカスばかりです。そんなきたない部屋の中でこの本が生まれました。

私のコーナーは関西地区だけだった掲載エリアが四国、九州、北陸、中部と広がりました。地方へ行っても「ゴルフ川柳、見てますよ」と言われるとたまらなく嬉しくなります。本になることで東京の人も北海道の人も見てくれたらいいなぁと思います。

ゴルフの腕前は皆さんより下手です。いつまでたっても昔と変わらんから打つたびに「何でこんなに下手なんやろ」といつもぼやいています。これからの夢は　①ホールインワン　②アルバトロス　③エージシュート　この3つのどれかひとつをやる事です。アルバトロスは絶対無理です。イーグルも無いのですから。エージシュートも出来ないでしょう。あれは80歳前後の人が最も多いといいますから。80歳までは生きられません。望みはホールインワンです。これは「あわや…」というのが3回程ありました。でもあとひと転がりという所で駄目でした。もうひと転がり、そうです。人生もこんなもんです。もうひと転がり出来ない所で悩みつつ、生きております。

これがウワサのチャリ移動!

わかってるだけどそっちへ飛ばんのや

○

平成16年 4月 21日 初版

著　者

レ ツ ゴ ー 正 児

発行人

松 岡　恭 子

発行所

新 葉 館 出 版

大阪市東成区玉津1丁目9-16 4F　〒537-0023

TEL06-4259-3777 FAX06-4259-3888

http://shinyokan.ne.jp E-Mail info@shinyokan.ne.jp

印刷所

FREE PLAN

○

定価はカバーに表示してあります。

ISBN4-86044-221-0